En esto conocerán todos que sois mis discípulos, si tuviereis amor los unos con los otros. En esto conocerán todos que sois mis discípulos, si tuviereis amor los unos con los otros. En esto conocerán todos que sois mis discípulos, si tuviereis amor los unos con los otros. En esto conocerán todos que sois mis discípulos, si tuviereis amor los unos con los otros.

EL AMOR EN EL ESPÍRITU

IGNACIO GUEVARA

En esto conocerán todos que sois mis discípulos, si tuviereis amor los unos con los otros. En esto conocerán todos que sois mis discípulos, si tuviereis amor los unos con los otros. En esto conocerán todos que sois mis discípulos, si tuviereis amor los unos con los otros. En esto conocerán todos que sois mis discípulos, si tuviereis amor los unos con los otros.

Vida

DEDICADOS A LA EXCELENCIA

La misión de Editorial Vida es proporcionar los recursos necesarios a fin de alcanzar a las personas para Jesucristo y ayudarlas a crecer en su fe.

El Amor en el Espíritu
©2003 EDITORIAL VIDA
Miami, Florida 33166-4665

Edición: *Madeline Díaz*
Diseño de cubierta: *Kaleidoscope Studio*

ISBN: 0-8297-3831-2

Categoría: *Vida Cristiana / Crecimiento*

Impreso en Estados Unidos de América
Printed in the United States of America

03 04 05 06 07 08 ❖ 07 06 05 04 03 02 01

Dedicatoria

Dedico este libro al Señor, que por su gracia y su sangre me salvó, llamó y ungió para servirle en el ministerio, su reino y su iglesia; y por su amor me ha revelado el tema de la presente obra. También lo dedico a mi amada esposa, que ha sido un respaldo muy grande en el ministerio, y una bendición de Dios durante los casi cincuenta años que llevamos de matrimonio. Su vida como mujer de Dios ha bendecido a muchos, como también la obra que el Señor en su gracia nos permitió comenzar el 7 de octubre de 1956, aun sin tener los fondos para sostener a la familia

Contenido

LA IGLESIA DE LOS COLOSENSES
Colosenses 1:3-14

I. Lo que Dios hace en nosotros como lo hizo
en los colosenses (versículos 12-14)

    A. Nos *hace aptos* para participar de una herencia (v. 12)
    B. Nos *libra* de la potestad de las tinieblas (v. 13)
    C. Nos *traslada* al reino de su amado Hijo (v. 13)
    D. Nos *redime* con su preciosa sangre (v. 14)
    E. *Perdona* nuestros pecados (v. 14)

II. Lo que esta iglesia ya poseía (versículos 3-8)

    A. Una *fe vertical* en Cristo Jesús (v. 4)
    B. Un *amor horizontal* por todos los santos (v. 4)
    C. Una *esperanza* guardada en los cielos (v. 5)
    D. *Fruto* y *crecimiento* (v. 6)
    E. *Conocían en verdad* la gracia de Dios (v. 6)
    F. Eran *buenos discípulos*; aprendieron de Epafras (v. 7)
    G. *El amor en el espíritu* (v. 8)

III. Lo que esta iglesia necesitaba (versículos 9-11)

    A. Ser *llenos del conocimiento* de su voluntad (v. 9)
    B. ¿Con qué *propósito*?
        1. Para *andar* como es digno del Señor (v. 10)
        2. Para *agradar* al Señor en todo (v.10)
            a. En la familia
            b. En la iglesia
            c. En el trabajo
            d. En el negocio
            e. En la profesión
            f. En el ministerio
            g. En la sociedad
        3. Para *crecer* en el conocimiento de Dios (v. 10)
        4. Para *ser fortalecidos* con todo poder (v. 11)

Prólogo

Al recibir el encargo de prologar un libro bajo la autoría del Reverendo Ignacio Guevara, me sentí abrumado. Este siervo de Dios es, sin lugar a dudas, el apóstol colombiano por antonomasia. Casi medio siglo de servicio a la iglesia del Señor constituye no solamente un tremendo bagaje de experiencias sino, en el caso particular del Rev. Guevara, la más asombrosa parábola desde la fría Calle del Cartucho hasta el Lugar Santísimo. Cada gamín que deambula bajo los puentes, que duerme arropado con sábanas de periódicos y que es un signo de nuestra rampante injusticia social, puede ser un predicador en potencia, el fundador de una gran misión, el maestro de futuras generaciones. Por eso, Ignacio Guevara es un símbolo de la Colombia posible.

Nunca, como en este libro, han tenido validez las palabras de nuestro Señor: «Y el que siega recibe salario, y recoge fruto para vida eterna, para que el que siembra goce juntamente con el que siega. Porque en esto es verdadero el dicho: Uno es el que siembra, y otro es el que siega. Yo os he enviado a segar lo que vosotros no labrasteis; otros labraron, y vosotros habéis entrado en sus labores» (Juan 4:36-38).

En mi caso personal, la labor que he desarrollado dentro de la iglesia ha consistido simplemente en meter la hoz y segar lo que sembraron hombres valerosos y puros como Ignacio Guevara.

Por eso, este prólogo quiere ser el homenaje de un pequeño segador a un gran sembrador.

El amor en el espíritu es una profunda interpretación bíblica que amplía sus dimensiones en la perspectiva del autor. Ese afecto indescifrable que guía todos los afectos y que es fruto del Divino Consolador en el corazón del creyente.

Un sentimiento sin fronteras síquicas que sobrepasa toda emoción y toda comprensión. Esa pureza cordial y desinteresada de los místicos medievales que se apartaron del «mundanal ruido» para buscar exclusivamente el *sumum bonum*: Ver a Dios. Ese Amor en el Espíritu que llegó a hacerse poesía inigualable:

> No me mueve, mi Dios, para quererte
> el cielo que me tienes prometido,
> ni me mueve el infierno tan temido
> para dejar, por eso, de ofenderte.
>
> Tú me mueves, Señor, muéveme el verte
> clavado en una cruz y escarnecido;
> muéveme el ver tu cuerpo tan herido,
> muévenme tus afrentas y tu muerte.

Muévenme, en fin, tu amor, y en tal manera,
que, aunque no hubiera cielo, yo te amara,
y, aunque no hubiera infierno, te temiera.
No me tienes que dar porque te quiera,
pues, aunque lo que espero no esperara,
lo mismo que te quiero te quisiera.

El amor profético de Abraham, en quien el Padre prefigura el sacrificio del Hijo por los pecados del mundo. El amor de José que, despojado de toda carnalidad, advierte el propósito de Dios para mantener con vida a mucho pueblo. El amor intuitivo de Rut que se reduce a esta redonda afirmación: Tu Dios será mi Dios...

El amor desprendido de Ana, que devuelve el don recibido al propio Dador. Ese amor vestido de lealtad que liga a David y Jonatán y que Jesús definiera como el más grande amor: la amistad.

El amor constructivo de Nehemías, la llama que late en el corazón del líder por las necesidades de su pueblo, amor de pastor que da la vida por sus ovejas.

El amor de los sabios orientales que hacen un largo viaje para entregar a los pies del Recién Nacido el oro de la adoración, el incienso de la oración y la mirra de la alabanza.

El amor de la pecadora que se enamora de Dios y transforma su vanidad en arrepentimiento. El amor del transeúnte samaritano que detiene su camino para vendar al prójimo herido con aceite y vino: aceite, símbolo del Espíritu; vino, símbolo de la sangre del Señor.

El amor de María, hermana del resucitado Lázaro, que prefiere permanecer a los pies del Maestro, oyendo su Palabra por sobre los quehaceres domésticos. El amor, en suma, del Señor Jesús, capaz de entregar su vida por los que ama. *El amor en el Espíritu*, que encuentra su cabal definición en las palabras del discípulo amado: Dios es amor.

El libro del Rev. Ignacio Guevara llega a la iglesia como un mensaje profético en momentos en que, precisamente, la llama del amor parece extinguirse entre la barahúnda religiosa, la parafernalia denominacional, el caos de las tradiciones y las novedades, corpulentos árboles que nos impiden ver el bosque de la verdad, en cuyo seno alcanza a oírse la voz admonitoria del Señor: «En esto conocerán todos que sois mis discípulos, si tuviereis amor los unos con los otros» (Juan 13:35).

Rev. Darío Silva-Silva
Presidente de Casa sobre la Roca
Iglesia Cristiana Integral

Este libro se originó en un estudio bíblico que impartí en Salinas, California, basado en Colosenses 1:1-14. Cuando leí el versículo ocho que dice: «Quien también nos ha declarado vuestro amor en el Espíritu», me impactó no solo en mi mente, sino también en mi espíritu. Al mismo tiempo y en una forma instantánea me formulé la pregunta: *¿Qué es el amor en el espíritu?* Inmediatamente el Espíritu Santo comenzó a mostrarme cuadros y ejemplos bíblicos sobre esta clase de amor; y sin nunca estudiarlo o meditarlo, menos aun verlo, aunque leí muchas veces acerca de él, lo enseñé en la clase con un fluir que no venía de mí, lo cual me motivó a escudriñar la palabra y es la razón por la cual presento esta enseñanza, que el Señor en su gracia y misericordia me ha permitido escribir para que otros sean bendecidos como yo.

Estando en Medellín en julio de 1996, durante la celebración de los cuarenta años de la Misión, me enviaron una noche a predicar en la congregación de San Pablo y mientras estaba predicando, vino como un relámpago la siguiente frase: *El amor en el espíritu es la unión matrimonial del Espíritu Santo con el espíritu del hombre fluyendo en compasión por el ser humano.* Tan repentina fue que no pude continuar con la predicación y les dije a los hermanos que escribieran lo que iba a decir, mientras sacaba mi bolígrafo y empezaba a escribir para no olvidar lo que el Señor me había dado. Esto no vino de mi intelecto, pues no tuve tiempo de pensarlo, sino que salió de mi boca y fue al computador de mi mente para ser archivado. Alabado sea Dios por su revelación.

Hablando sobre este tema con el pastor José Nieves, compañero de conferencias de los seminarios que tuvimos en Bogotá y Cali, me remitió a 1 Corintios 6:15-17 para confirmar esta unión espiritual: «¿No sabéis que vuestros cuerpos son miembros de Cristo? ¿Quitaré, pues, los miembros de Cristo y los haré miembros de una ramera? De ningún modo. ¿O no sabéis que el que se une con una ramera, es un cuerpo con ella? Porque dice: Los dos serán una sola carne. Pero el que se *une* al Señor, un espíritu es con él» (énfasis del autor).

Varias veces durante mis cincuenta y seis años de ministerio he tenido leves experiencias de lo que es *el amor en el espíritu*, sin haberlas entendido. Pero ahora las comprendo. Al final del libro menciono dos de esas experiencias, que fueron tan reales como mi salvación y las tengo tan arraigadas dentro de mí, que ha sido difícil olvidarlas, porque han tenido mucho que ver con lo que el Señor ha estado haciendo con nuestro ministerio. Algunas veces he enseñado este lindo tema y he observado el mover del Espíritu de Dios quebrantando las vidas. A otros los he visto con lágrimas en los ojos. Creo que esta enseñanza producirá muchos cambios en nuestra vida ministerial, en la iglesia, en la familia y aun en las naciones, porque es dinamita que quebranta, convence, redarguye, transforma y nos une con Dios, además de unirnos unos con otros. También es fuego divino que destruye la frialdad espiritual, el sectarismo religioso, las contiendas de la carne, el egoísmo infame, la codicia vil, la jactancia humana, la justicia propia, el orgullo religioso, la ceguera espiritual, la avaricia de la carne y la autosuficiencia nuestra.

El Señor durante sus tres años de ministerio con los doce apóstoles no pudo cambiarles totalmente su forma de ser, pero cuando fueron visitados con el fuego del Espíritu de Dios el día de Pentecostés, él produjo cambios maravillosos hasta el punto de que llegaron a ser de una misma mente y de un mismo parecer, debido a que experimentaron lo que es *el amor en el espíritu*.

He tenido que leer esta obra varias veces para corregirla, y cada vez que lo he hecho mi espíritu ha sido tocado por el Espíritu Santo. Creo que si usted la lee con una mente abierta y con un corazón dispuesto, Dios también lo tocará y motivará a buscar la experiencia que la iglesia de los Colosenses disfrutaba. Hay algo indescriptible en *el amor en el espíritu*, algo insondable y maravilloso que como siervos de Dios debemos conocer y experimentar, a fin de llegar a ser amigos de Dios como lo fue Abraham, Noé y otros grandes hombres. Él podrá revelarnos muchas cosas que como siervos con frecuencia no podemos recibir (Juan 15:14-15).

Si de alguna forma usted es tocado y bendecido déle toda la gloria al Único dador de toda dádiva y de toda gracia, porque sin él nada somos y nada podemos hacer. Que el Dios del cielo, por su misericordia, derrame sobre usted los torrentes de *el amor en el espíritu*, como ríos incontenibles de gracia y de amor celestial. Amén.

El autor

Introducción

Horacio, un célebre poeta latino del siglo I a.C. dijo: «El amigo es la otra mitad de mi alma» (Cármina 1, 1. Oda 3). Un siglo después, el rabino judío Saulo de Tarso, o más exactamente el apóstol Pablo, dijo: *Pero el que se une al Señor, un espíritu es con él* (1 Corintios 6:17). Este es el sagrado misterio objeto de estudio en estas páginas. *El amor en el espíritu,* insondable vínculo que nos lleva a estrechar nuestra mente y corazón con la mente y el corazón de Dios hasta llevarnos a la plenitud espiritual.

Muchas, pero muchas cosas nos dice la Biblia sobre el amor. En el devenir del desempeño de las diferentes iglesias cristianas se observan muchos desequilibrios. Algunos sectores hacen un énfasis desbordado en el amor, y solo en el amor, olvidando lamentablemente el carácter eminente de la santidad del amor de Dios. Otros se enfocan en la santidad divina relegando inconscientemente el debido énfasis evangélico en el amor celestial. Es un acto frecuente que quienes destacan en exceso el amor de Dios, no resaltan el poder que viene de él, y que quienes enfatizan el poder de Dios, recuerdan poco su amor. Pero Dios nos está llamando a una comprensión y a una apropiación vivencial de su amor en su sentido más profundo: *El amor en el espíritu.*

Esta cosmovisión espiritual del amor divino es más amplia, depurada e integral y trata acerca del santo amor de Dios, implicando toda una vida de adoración y de rendición en las manos del Señor de la gloria.

Las dos máximas bíblicas dicen: «Amarás al Señor tu Dios con todo tu corazón, y con toda tu alma, y con toda tu mente ... Amarás a tu prójimo como a ti mismo. Finalmente agrega: De estos dos mandamientos depende toda la ley y los profetas» (Mateo 22:37,39,40).

La ley divina, dado su carácter infinito, requiere una satisfacción infinita, satisfacción que solo Dios puede dar. Él no acepta nada que no venga de sí mismo, debido a que es infinitamente perfecto y solo acepta lo que viene de la perfección. En consecuencia, la ley requiere de nosotros un nivel de amor infinito que en nuestra capacidad humana y por nosotros mismos no podemos dar. Pero, afortunadamente, para la honra y gloria de Dios, y para el bien de la criatura humana, no todo termina allí. El Espíritu de Dios, hablándonos por la pluma inspirada del apóstol Pedro, dice: «Vosotros, maridos, igualmente, vivid con ellas sabiamente, dando honor a la mujer *como a vaso más frágil*, y como a coherederas de la gracia de la vida, para que vuestras oraciones no tengan estorbo» (1 Pedro 3:7, énfasis del autor). Notemos lo que este versículo novotestamentario nos da a entender de la condición propia del ser humano: que es un vaso. La mujer es un vaso más frágil; el hombre uno más consistente. Como seres humanos somos vasos, pero no la bebida de *el amor en el espíritu*. Por más que deseemos generar por nosotros mismos en el fino frasco de nuestro corazón el preciosísimo perfume celestial de este amor, no podemos hacerlo, pues este solo viene de Dios, y más exactamente del Espíritu Santo. Por eso dice: «Y la esperanza no avergüenza; porque el amor de Dios ha sido derramado en nuestros corazones por el Espíritu Santo que nos fue dado» (Romanos 5:5).

Cuando nos rendimos con integridad al Señor, por la fe experimentamos esta llenura, que es la llenura del Espíritu Santo, la cual no es solo de poder, sino también de amor, creciente en la medida en que demos los debidos pasos hacia la madurez en Cristo. Esta llenura es, en síntesis, integral; una llenura de amor y de poder que hará brotar tronco, ramas, hojas, flores y fruto a nuestra fe, esperanza y amor. Ni el amor sin el poder, ni el poder sin el amor. Ni la gracia sin la santidad, ni la santidad sin la gracia.

Cuando llegamos a esta unión íntima y permanente con el Señor del *amor en el espíritu*, nuestra mente y corazón son conectados con la mente y el corazón de Dios para ser uno solo en él. Ahí nos desconectamos de la visión y mente carnal, y de nuestro corazón engañoso, para ver las cosas como Dios las ve; para pensar con la sabiduría de Dios; para sentir como Dios siente; y para dar lugar a que sea él quien viva su vida en nosotros.

En las siguientes páginas se presentan once vivos ejemplos de *el amor en el espíritu*: Abraham, José, Rut, Ana, David y Jonatán, Nehemías, los reyes magos, la mujer pecadora, el buen samaritano, María la hermana de Lázaro, y el Señor Jesucristo, siendo por cierto este último el más prominente y destacado.

Por eso, en una sana práctica de todo lo que en los sabios capítulos de este libro se nos ofrece, aguas cristalinas, debemos preguntarnos siempre dos cosas. Primero: En mis pasos ¿qué haría Jesús? Segundo: En los pasos de Jesús ¿qué haría yo? Finalmente debemos decirle al Señor de todo corazón lo siguiente: «Señor, por mí mismo no puedo, pero hoy te pido que vivas tu vida en mí».

El amor en el espíritu nos impulsa a amar, no con el amor humano, sino con el amor del corazón de Dios. Es con este amor que podemos perdonar, restaurar, adquirir sabiduría y dar bendición. Cuando obramos con este amor, lo hacemos no con nuestras fuerzas y capacidades humanas, sino con la sabiduría y el poder de Dios. Este es *el amor en el espíritu*; esta es la vida que Dios tiene para nosotros. Una cosa es conocer de Dios y otra conocer a Dios, pues a él le conocemos mediante *el amor en el espíritu*.

D.A.U.

El Amor en el Espíritu

Como lo habéis aprendido de Epafras, nuestro consiervo amado, que es un fiel ministro de Cristo para vosotros, quien también nos ha declarado vuestro amor en el espíritu (Colosenses. 1:7-8).

Pero os ruego, hermanos, por nuestro Señor Jesucristo y por amor en el espíritu, que me ayudéis orando por mi a Dios, para que sea librado de los rebeldes que están en Judea, y que la ofrenda de mi servicio a los santos en Jerusalén sea acepta; para que con gozo llegue a vosotros por la voluntad de Dios, y que sea recreado juntamente con vosotros. Y el Dios de paz sea con todos vosotros. Amén (Romanos. 15:30-33).

La palabra nos habla del amor en el espíritu, del amor en el espíritu, del gemir del espíritu, de andar en el espíritu, de la intercesión del espíritu, de vivi en el espíritu y del fluir del espéritu.

Capítulo 1

El amor en el espíritu en la vida de Abraham

I. Tiene pruebas

> *Aconteció después de estas cosas, que* probó *Dios a Abraham, y le dijo: Abraham. Y él respondió: Heme aquí. Y dijo: Toma ahora tu hijo, tu único Isaac, a quien amas, y vete a tierra de Moriah, y ofrécelo allí en holocausto sobre uno de los montes que yo te diré* (Génesis 22:1-2, énfasis del autor).

> *Aquél, respondiendo, dijo: Amarás al Señor tu Dios con todo tu corazón, y con toda tu alma, y con todas tus fuerzas, y con toda tu mente; y a tu prójimo como a ti mismo* (Lucas 10:27).

Dios probó a Abraham con el fin de saber si lo amaba con todo su corazón, más que a su propio hijo, motivo por el cual le mandó ir y sacrificarlo. Para Abraham era muy doloroso tener que sacrificar a su único hijo, pero obedeció la orden de Dios porque moraba en él *el amor en el espíritu*, el cual le ayudó a ir hasta el final en una obediencia total, al tiempo que ésta fue recompensada cuando Dios suspendió la orden de sacrificar a su hijo. Por este acto de obediencia, Abraham, se convirtió en el padre de la fe, y el fundador de la nación de Israel.

El amor en el espíritu en Adán fue puesto a prueba, pero él falló en su obediencia a las órdenes de Dios, lo que trajo como consecuencia la introducción del pecado con esos resultados trágicos, dolorosos y evidentes en toda la creación.

El amor en el espíritu en Noé fue probado durante cien años, tiempo que pasó construyendo el arca. Pero Noé no falló porque se mantuvo firme creyéndole a Dios y su obediencia proveyó un arca de salvación para él y toda su familia. El amor unido a la fe siempre triunfa y alcanza lo que es imposible para el hombre.

El amor en el espíritu en Moisés fue probado por cuarenta años en el desierto y él no falló. Al final Dios se le reveló en la zarza que ardía y no se consumía; lo envió a Egipto con autoridad y poder para, mediante señales portentosas, liberar al pueblo y conducirlo por cuarenta años a través de un desierto ardiente, lleno de escorpiones y serpientes, recibiendo de Dios en el monte Sinaí el modelo del tabernáculo y construyéndolo luego conforme a él. Cuando lo erigió de acuerdo al mandato divino, la gloria de Dios lo cubrió. También recibió las tablas de la ley, vio a Dios cara a cara y se convirtió en el hombre más manso sobre la tierra.

El amor en el espíritu en David fue puesto a prueba y él no falló aunque por años estuvo huyendo de Saúl, escondiéndose en cuevas y montes. Finalmente David tomó posesión como rey de todo Israel, y su relación con Dios mantuvo un carácter permanente que lo llevó a convertirse en un hombre de adoración y de alabanza, lo cual es evidente en el libro de los Salmos. Hasta llegó a tener un corazón como el de Dios y recibió la promesa de un reino eterno e inconmovible.

El amor en el espíritu en Israel fue puesto a prueba durante cuarenta años en el desierto; pero el pueblo falló por causa de la murmuración, las quejas, los lamentos, el deseo de volver a Egipto y por no comprender el amor de Dios. Por esa razón Josué y Caleb fueron los dos únicos hombres que escaparon de morir en el desierto y lograron poseer la tierra prometida (Deuteronomio 8:2-3,11-16).

El amor en el espíritu en Daniel y sus tres compañeros fue puesto a prueba, y ellos no fallaron cuando se enfrentaron con la comida contaminada del rey, la adoración de la imagen que Nabucodonosor levantó, el horno de fuego y el foso de los leones. Como premio por su fidelidad escaparon de la muerte, recibieron grandes dones, fueron enaltecidos, glorificaron a Dios en varios imperios famosos y fueron de gran bendición interpretando sueños y visiones. Pero eso no fue todo porque dejaron un testimonio intachable delante de los monarcas a los cuales sirvieron, delante del pueblo y delante de Dios.

II. Tiene obediencia

Y Abraham se levantó muy de mañana, y enalbardó su asno, y tomó consigo dos siervos suyos, y a Isaac su hijo; y cortó la leña para el holocausto, y se levantó, y fue al lugar que Dios le dijo (Génesis 22:3).

Abraham se levantó muy temprano, ensilló su asno, tomó a dos de sus siervos y a Isaac su hijo. También tomó el cuchillo y el fuego, y con un corazón conmovido y quebrantado, pero dispuesto a ir hasta el fin del camino de la obediencia, sin tener en cuenta el costo que Dios le estaba pidiendo, su único y muy amado hijo Isaac, el hijo de la promesa, se dirigió «al lugar que Dios le dijo». Quizás a cada paso que daba su corazón se destrozaba mientras caminaba hacia el lugar donde la prueba tendría su consumación final. Pero por causa del *amor en el espíritu* que le tenía a Dios, el cual era mucho más fuerte y profundo que el amor que le tenía a Isaac, siguió caminando hacia el lugar del sacrificio, pensando que Dios era mucho más importante para él que la vida de su hijo.

En Abraham vemos como la obediencia, la renuncia, la negación, el despojo y *el amor en el espíritu*, lo fortalecieron en su camino de fe y de obediencia de manera ilimitada, demostrando temor a Dios y amor por él.

III. Tiene visión

Al tercer día alzó Abraham sus ojos, y vio *el lugar de lejos ... Entonces habló Isaac Abraham su padre, y dijo: Padre mío. Y él respondió: Heme aquí, mi hijo. Y él dijo: He aquí el fuego y la leña; mas ¿dónde está el cordero para el holocausto?, Y respondió Abraham: Dios se proveerá de cordero para el holocausto, hijo mío. E iban juntos* (Génesis 22:4,7-8, énfasis del autor).

Abraham, tres días después de andar por el estrecho camino de la obediencia, vio el lugar a lo lejos y sin desmayar siguió en la gruta, caminando con Isaac, quien le dijo mientras avanzaban juntos: «He aquí el fuego y la leña; mas ¿dónde está el cordero para el holocausto?» Abraham, conmovido por la pregunta de su hijo, pero . con la visión de Dios, le contesto a Isaac: «Dios se proveerá de cordero para el holocausto». Abraham, con la visión y la fe de Dios, pudo percibir y ver en su espíritu al carnero trabado en un zarzal, debido a su intimidad con el Espíritu de Dios y a su conocimiento de lo que es *el amor en el espíritu*. Si somos siervos no sabremos lo que hace nuestro Señor; pero si hemos llegado a la relación de amigos, como lo fue Abraham, podremos conocer todas las cosas del Padre (Juan 15:15).

El amor en el espíritu nos une a Dios y nos une unos con otros; nos da visión de los propósitos divinos y comprensión de ellos, como Daniel la tuvo ante cada una de las visiones de él y Nabucodonosor.

IV. Tiene fe

Entonces dijo Abraham a sus siervos: Esperad aquí con el asno, y yo y el muchacho iremos hasta allí y adoraremos, y volveremos *a vosotros. Y tomó Abraham la leña del holocausto, y la puso sobre Isaac su hijo, y él tomó en su mano el fuego y el cuchillo; y fueron ambos juntos* (Génesis 22:5-6, énfasis del autor).

Se puede ver en Abraham una fe inconmovible, una confianza vívida, una seguridad total y una certeza real cuando le dice a los siervos: «Esperad aquí con el asno, y yo y el muchacho iremos hasta allí y adoraremos, y *volveremos a vosotros*». Abraham, por esa relación profunda que tenía como amigo de Dios, y por *el amor en el espíritu*, pudo darse cuenta de que Dios era «poderoso para levantar aun de entre los muertos, de donde, en sentido figurado, también le volvió a recibir» (Hebreos 11:19). Aquí vemos en Abraham una fe envuelta en *el amor en el espíritu*, pues adoró a Dios, caminó con él en medio de la prueba, puso a su amado hijo Isaac sobre el altar, renunció a lo más precioso que tenía e impactó a Dios con una obediencia incondicional. Esta es la verdadera esencia santificadora de lo que es *el amor en el espíritu* como olor fragante en el cielo, brillando con amor sacrificial delante de los hombres y de Dios, y ascendiendo a Dios como incienso de *amor en el espíritu*, agradable a él.

V. Tiene renuncia

Y cuando llegaron al lugar que Dios le había dicho, edificó allí Abraham un altar, y compuso la leña, y ató a Isaac su hijo, y lo puso en el altar *sobre la leña. Y extendió Abraham su mano y tomó el cuchillo para degollar a su hijo* (Génesis 22:9,10, énfasis del autor).

Abraham renunció a todo derecho sobre su hijo cuando edificó el altar, puso a Isaac sobre él y tomó el cuchillo para degollarlo. Por medio de esta acción de obediencia estaba dándole a Dios el derecho total para disponer de él como le pareciera mejor.

El amor en el espíritu nos lleva al paso final de una obediencia total, a despojarnos de lo que más amamos, a renunciar a lo que tenemos, a negarnos a nuestros propios intereses y a entregar a nuestros propios hijos.

VI. Tiene una salida

Entonces el ángel de Jehová le dio voces desde el cielo, y dijo: Abraham, Abraham. Y él respondió: Heme aquí. Y dijo: No extiendas tu mano sobre el muchacho, ni le hagas nada; porque yo conozco que temes a Dios, por cuanto no me rehusaste tu hijo, tu único (Génesis 22:12).

Tuvo temor envuelto en el amor perfecto (1 Juan 4:18). Cuando Dios se dio cuenta de la forma en que Abraham actuó movido por su *amor en el espíritu,* le gritó desde el mismo cielo, diciendo: «No extiendas tu mano sobre el muchacho, no le hagas nada, porque yo conozco que temes a Dios». Abraham tenía la llave para que Isaac escapara de la muerte: llegar hasta el momento final de tomar el cuchillo para degollarlo. Cuando lo hizo, vino la voz del cielo ordenándole no hacerle daño al muchacho, forma por la cual la prueba se tornó en gozo, la relación con Dios se hizo más estrecha, y *el amor en el espíritu* se arraigó un poco más en Abraham.

VII. Tiene provisión

Entonces alzó Abraham sus ojos y miró, y he aquí a sus espaldas un carnero trabado en un zarzal por sus cuernos; y tomó el carnero, y lo ofreció en holocausto en lugar de su hijo. Y llamó Abraham el nombre de aquel lugar, Jehová proveerá. *Por tanto se dice hoy: En el monte de Jehová será provisto* (Génesis 22:13-14, énfasis del autor).

Así como Dios proveyó el cordero desde antes de la fundación del mundo, también había provisto el carnero como sustituto de

Isaac. Solo esperó que Abraham llegara al final del camino de la prueba y pusiera a su amado Isaac sobre el altar para dar paso a su divina intervención. Isaac fue librado por el oportuno grito celestial, pues *el amor en el espíritu* hace que Dios provea; como proveyó para José un trono, una carroza, un collar, un anillo y una esposa en Egipto, lo que le fue otorgado al final de su larga prueba.

VIII. Tiene recompensa

Y llamó el ángel de Jehová a Abraham por segunda vez desde el cielo, y dijo: Por mí mismo he jurado, dice Jehová, que por cuanto has hecho esto, y no me has rehusado tu hijo, tu único hijo; de cierto te bendeciré, y multiplicaré tu descendencia como las estrellas del cielo y como la arena que está a la orilla del mar; y tu descendencia poseerá las puertas de sus enemigos. En tu simiente serán benditas todas las naciones de la tierra, por cuanto obedeciste *a mi voz* (Génesis 22:15-18, énfasis del autor).

La evidencia de *el amor en el espíritu* en Abraham tocó a Dios y abrió el cielo para que viniesen sobre él promesas de bendiciones incontenibles, y no solo sobre él, también sobre su descendencia y todas las naciones de la tierra.

IX. Tiene un retorno feliz

Y volvió Abraham a sus siervos, y se levantaron y se fueron juntos a Beerseba; y habitó Abraham en Beerseba (Génesis 22:19).

Pero esto no es todo. Abraham también retornó con el honroso título de «padre de la fe», con la promesa de ser un canal de bendición a todas las naciones, con un corazón inundado de gozo, y con la certeza inmarcesible que lo acreditaba como padre de la nación de Israel.

X. El fluir del amor en el espíritu en Abraham

A. Cuando Dios le ordenó dejar su tierra.

Pero Jehová había dicho a Abram: vete *de tu* tierra *y de tu* parentela, *y de la* casa de tu padre, *a la tierra que te mostraré.*

Y haré *de ti una nación grande, y te* bendeciré, *y* engrandeceré *tu nombre, y* serás *bendición. Bendeciré a los que te bendijeren, y a los que te maldijeren* maldeciré; *y serán benditas en ti todas las familias de la tierra. Y se fue Abram, como Jehová le dijo; y Lot fue con él. Y era Abram de edad de setenta y cinco años cuando salió de Harán. Tomó, pues, Abram a Sarai su mujer, y a Lot hijo de su hermano, y todos sus bienes que habían ganado y las personas que habían adquirido en Harán, y salieron para ir a tierra de Canaán; y a tierra de Canaán llegaron* (Génesis 12:1-5, énfasis del autor).

Abraham *fluyó con el amor en el espíritu* y con obediencia total cuando dejó su tierra, su parentela idólatra, la casa de su padre, toda relación con las costumbres paganas de su época y «salió sin saber a dónde iba» (Hebreos 11:8).

B. Cuando se presentó el altercado con los pastores de Lot.

Y hubo contienda entre los pastores del ganado de Abram y los pastores del ganado de Lot; y el cananeo y el ferezeo habitaban entonces en la tierra. Entonces Abram dijo a Lot: No haya ahora altercado entre nosotros dos, entre mis pastores y los tuyos, porque somos hermanos. ¿No está toda la tierra delante de ti? Yo te ruego que te apartes de mí. Si fueres a la mano izquierda, yo iré a la derecha; y si tú a la derecha, yo iré a la izquierda. Y alzó Lot sus ojos, y vio *toda la llanura del Jordán, que toda ella era de riego, como el huerto de Jehová, como la tierra de Egipto en la dirección de Zoar, antes que destruyese Jehová a Sodoma y a Gomorra. Entonces Lot escogió para sí toda la llanura del Jordán; y se fue Lot hacia el oriente, y se* apartaron *el uno del otro. Abram acampó en la tierra de Canaán, en tanto que Lot habitó en las ciudades de la llanura, y fue poniendo sus tiendas hasta Sodoma* (Génesis 13:7-12, énfasis del autor).

Abraham *fluyó con el amor en el espíritu* frente a Lot cuando surgió la contienda entre sus pastores y los de él. Con sabiduría y prudencia persuadió a Lot a separarse para evitar las reyertas entre los pastores de ambos, y le permitió escoger primero hacia donde iría. De inmediato Lot, con los ojos del alma, vio el valle con pastos y aguas abundantes, los cuales cautivaron su visión, mientras fluía con la codicia de la carne y elegía una parte de tierra para sí mismo.

Vemos en estos dos hombres un contraste asombroso. Abraham llegó a convertirse en un verdadero potentado, en el padre de la fe y en el progenitor de una nación: Israel. Lot, por su parte, perdió todos sus bienes, su prestigio y su esposa. Todo lo que le quedó fue una cueva para vivir con sus dos hijas. Y como si fuera poco, perdió su honra, pues sus dos hijas lo embriagaron y durmieron incestuosamente con él, quedando embarazadas de su propio padre, quien por este desastroso hecho quedó convertido en el padre de los moabitas y de los amonitas (Génesis 19:30-38). Abraham nos deja una historia de lo que se alcanza con el fluir de *el amor en el espíritu*, así como de las grandes bendiciones que se reciben de Dios. Lot también nos deja una historia acerca de las grandes pérdidas que se producen al andar en el fluir del alma y en lo que los ojos del alma ven.

C. Cuando tomaron a Lot prisionero.

Y vino uno de los que escaparon, y lo anunció a Abram el hebreo, que habitaba en el encinar de Mamre el amorreo, hermano de Escol y hermano de Aner, los cuales eran aliados de Abram. Oyó Abram que su pariente estaba prisionero, y armó a sus criados, los nacidos en su casa, trescientos dieciocho, y los siguió hasta Dan. Y cayó sobre ellos de noche, él y sus siervos, y les atacó, y les fue siguiendo hasta Hoba al norte de Damasco. Y recobró todos los bienes, y también a Lot su pariente y sus bienes, y a las mujeres y demás gente (Génesis 14:13-16).

Abraham *fluyó con el amor en el espíritu* cuando escuchó la noticia de que su pariente Lot había sido llevado prisionero por los reyes que atacaron a Sodoma y Gomorra, porque sin pensarlo dos veces armó a sus criados, salió en busca de los enemigos, y cuando los halló, cayó sobre ellos en la noche, los derrotó y recobró todos los bienes, también a Lot, sus mujeres y al resto de la gente.

D. Cuando le entregó los diezmos a Melquisedec.

Cuando volvía de la derrota de Quedorlaomer y de los reyes que con él estaban, salió el rey de Sodoma a recibirlo al valle de Save, que es el Valle del Rey. Entonces Melquisedec, rey de Salem y Sacerdote del Dios Altísimo, sacó pan y vino; y le bendijo, diciendo: Bendito sea Abram del Dios Altísimo, creador de los cielos y la tierra; y bendito sea el Dios Altísimo, que entregó tus enemigos en tu mano. Y le dio Abram los diezmos de todo (Génesis 14:17-20, énfasis del autor).

Abraham *fluyó con el amor en el espíritu*, sin la codicia infame que cautiva a las naciones y a muchos líderes, cuando, al regresar de la gran victoria que Dios le había dado, entregó los diezmos de todo a Melquisedec, sacerdote del Dios Altísimo. Nadie se lo ordenó, pero lo hizo como un acto de obediencia, motivado por el amor a Dios. Esta actitud de Abram demuestra que era un hombre libre de la codicia y del amor a lo material. *El amor en el espíritu* produce una circuncisión en la persona que conoce a Dios y nos eslabona en una relación de comunión muy profunda con el dueño de todo. Las cosas materiales jamás ejercieron dominio sobre Abraham, porque su corazón estaba dominado por el amor a Dios, de quien procedía todo lo que tenía y también toda bendición espiritual.

E. Cuando rechazó la oferta del rey de Sodoma.

Entonces el rey de Sodoma dijo a Abram: Dame las personas y toma para ti los bienes. Y respondió Abram al rey de Sodoma: He alzado mi mano a Jehová Dios Altísimo, creador de los cielos y la tierra, que desde un hilo hasta la correa del calzado, nada tomaré de todo lo que es tuyo, para que no digas: Yo enriquecí a Abram; excepto solamente lo que comieron los jóvenes, y la parte de los varones que fueron conmigo, Aner, Escol y Mamre, los cuales tomarán su parte (Génesis 14:21-24).

Abraham *fluyó con el amor en el espíritu*, libre de toda codicia y corrupción, cuando rechazó la oferta del rey de Sodoma de que tomara para él los bienes rescatados y le entregara solo las personas, pues su confianza estaba totalmente en Dios y no en las cosas de esta tierra. *El amor en el espíritu* rompe toda ligadura con los bienes de este mundo, y nos une con Dios en un matrimonio espiritual de amor perfecto y de consagración total.

F. Cuando intercedió por Sodoma y Gomorra.

Y se acercó Abraham y dijo: ¿Destruirás también al justo con el impío? Quizá haya cincuenta justos dentro de la ciudad: ¿destruirás también y no perdonarás al lugar por amor a los cincuenta justos que estén dentro de él? Lejos de ti el hacer tal, que hagas morir el justo con el impío, y que sea el justo tratado como el impío; nunca tal hagas. El Juez de toda la tierra, ¿no ha de hacer lo que es justo? Entonces respondió Jehová: Si hallare en Sodoma cincuenta justos dentro de la ciudad, perdonaré a todo este lugar por amor a ellos. Y Abram replicó y dijo: He aquí ahora que he comenzado a hablar a mi Señor, aunque soy polvo y ceniza. Quizá faltarán de cincuenta justos cinco; ¿destruirás por aquellos cinco toda la ciudad? Y dijo: No la destruiré, si hallare allí cuarenta y cinco. Y volvió a hablarle, y dijo: Quizá se hallarán allí cuarenta. Y respondió: No lo haré por amor a los cuarenta. Y dijo: No se enoje ahora mi Señor, si hablare: quizá se hallarán allí treinta. Y respondió: No lo haré si hallare allí treinta. Y dijo: He aquí ahora que he emprendido el hablar a mi Señor: quizá se hallarán allí veinte. No la destruiré, respondió, por amor a los veinte. Y volvió a decir: No se enoje ahora mi Señor, si hablare solamente una vez: quizá se hallarán allí diez. No la destruiré, respondió, por amor a los diez. Y Jehová se fue, luego que acabó de hablar Abraham; y Abraham volvió a su lugar (Génesis 18:23-33).

Abraham *fluyó con el amor en el espíritu* cuando intercedió en agonía profunda por
Sodoma y también por Lot. Él se interpuso entre Dios y el castigo que vendría sobre dicha ciudad, con el fin de salvar también a su sobrino Lot.

Quien tiene *el amor en el espíritu* se interpone entre Dios y los hombres, y se da por ellos con todo su corazón, incondicionalmente.

G. Cuando en obediencia fue a sacrificar a Isaac.

Aconteció después de estas cosas, que probó *Dios a Abraham, y le dijo: Abraham. Y él respondió: Heme aquí. Y dijo:*

Toma ahora a tu hijo, tu único, Isaac, a quien amas, y vete a tierra de Moriah, y ofrécelo allí en holocausto sobre uno de los montes que yo te diré. Y Abraham se levantó muy de mañana, y enalbardó su asno, y tomó consigo dos siervos suyos, y a Isaac su hijo; y cortó leña para el holocausto, y se levantó, y fue al lugar que Dios le dijo. Y cuando llegaron al lugar que Dios le había dicho, edificó allí Abraham un altar, y compuso la leña, y ató a Isaac su hijo, y lo puso en el altar sobre la leña. Y extendió Abraham su mano y tomó el cuchillo para degollar *a su hijo. Entonces el ángel de Jehová le dio voces desde el cielo, y dijo: Abraham, Abraham. Y él respondió: Heme aquí. Y dijo: No extiendas tu mano sobre el muchacho, ni le hagas nada; porque ya conozco que temes a Dios, por cuanto no me* rehusaste *tu hijo, tu único. Entonces alzó Abraham sus ojos y miró, y he aquí a sus espaldas un carnero trabado en un zarzal por sus cuernos; y fue Abraham y tomó el carnero, y lo ofreció en holocausto en lugar de su hijo* (Génesis 22:1-3,9-13, énfasis del autor)

Abraham *fluyó con el amor en el espíritu* cuando su obediencia total fue puesta a prueba y se dirigió al monte Moriah a ofrecer al amado Isaac en sacrificio a Dios, según él mismo se lo había ordenado. Quien tiene *el amor en el espíritu* reconoce a Dios como el único dueño de todo lo que recibimos de él, incluidos nuestros hijos.

Dos cosas influyeron en Abraham que no afectaron su *amor en el espíritu*: las riquezas materiales y el amor por Isaac. Esto se debió a que su amor a Dios era mucho más fuerte que el que sentía por las riquezas perecederas y por Isaac. *El amor en el espíritu* en Abraham era la cubierta protectora contra la codicia de los bienes materiales y contra todo apego desbordado en los vínculos familiares. El amor al dinero y a su hijo Isaac no pudieron apagar el fuego del *amor en el espíritu* de este hombre de Dios y padre de la fe.

El amor en el espíritu destruye toda ceguera espiritual e ilumina el entendimiento para comprender lo que viene del Espíritu. Además, circuncida el corazón de toda carnalidad e inflama la vida del hombre de Dios con la visión divina. *El amor en el espíritu* es el ingrediente divino para fluir con ternura, compasión y gracia, es el toque refrescante y transformador del Espíritu Santo. Abre lo infinito, penetra lo insondable, atrae lo sublime e impulsa el espíritu del hombre hacia las alturas celestiales, donde uno puede ser tocado por el fluir de *el amor en el espíritu*, el cual desciende del trono del Altísimo como torrentes de gracia y de amor sacrificial.

El amor en el espíritu en la vida de José

I. Demostrado en el hogar

A. Al ser justo y recto.

Habitó Jacob en la tierra donde había morado su padre, en la tierra de Canaán. Esta es la historia de la familia de Jacob: José, siendo de edad de diecisiete años, apacentaba las ovejas con sus hermanos; y el joven estaba con los hijos de Bilha y con los hijos de Zilpa, mujeres de su padre; e informaba *José a su padre la mala fama de ellos. Y amaba Israel a José más que a todos sus hijos, porque lo había tenido en su vejez; y le hizo una túnica de diversos colores. Y viendo sus hermanos que su padre lo amaba más que a todos sus hermanos, le aborrecían, y no podían hablarle pacíficamente* (Génesis 37:1-4, énfasis del autor).

José fue un joven que demostró el temor a Dios en su vida hogareña y que amó lo recto y lo justo, razón por la cual le contaba a su padre los malos actos de sus hermanos. No porque los odiara, sino porque los amaba y deseaba que fueran rectos y justos en su diario vivir. Sin embargo, José pasó por el horno de la prueba en su propio hogar al ser aborrecido y rechazado por sus hermanos porque no estuvo de acuerdo con sus malos actos. Era el consentido de Jacob, por el vestido de colores que su padre le dio y los sueños que tuvo relacionados con su propia vida en cuanto al futuro.

A pesar de lo difícil que fue la prueba por la cual tuvo que pasar cuando sus hermanos conspiraron contra él por envidia; cuando le quitaron el manto de colores que lo acreditaba como príncipe sobre ellos, lo echaron en la cisterna para torturarlo y dejarlo morir de hambre y sed y, finalmente, lo sacaron de allí para venderlo como esclavo a un grupo de nómadas ismaelitas que se dirigían a Egipto; José no dio lugar al lamento y la queja, frutos naturales de la amargura de aquella atrabiliaria injusticia cometida por sus propios hermanos, pues se encontraba protegido por los destellos de *el amor en el espíritu*, el cual demostró con su paciencia y el silencio que sus labios guardaron mientras pasaba por una de las noches más oscuras y dolorosas de su juventud, lejos del hogar y de un padre que le amaba con ternura y con amor sincero, pues de parte de Jacob había amor y ternura, privilegios y confianza para José, en opuesto paralelismo con sus hermanos, de quienes experimentó rechazo, odio y envidia hasta llegar a la infamia de conspirar contra él para darle muerte. Como en ellos, como ya vimos, no fluía *el amor en el espíritu*, cuando los encontró procedieron con saña a consumar su infame plan: Lo despojaron de su manto, lo echaron en una cisterna y, por último, le conmutaron la pena de muerte por la venta como esclavo a los ismaelitas que viajaban hacia Egipto.

Seguramente mientras era llevado a Egipto, no como un hombre libre, sino como un esclavo, de sus ojos rodaron por sus mejillas de hermoso semblante lágrimas de dolor humano porque se sentía lejos de su padre, traicionado por sus hermanos y reducido al estado inhumano de un esclavo en manos de los ismaelitas, en un viaje con un destino final desconocido.

Por disfrutar lo que es *el amor en el espíritu*, la palabra lo describe como rama fructífera junto a una fuente.

Rama fructífera es José, rama fructífera junto a una fuente, cuyos vástagos s extienden sobre el muro. Le causaron amargura, le asaetearon, y le aborrecieron los arqueros; mas su arco se mantuvo poderoso, y los brazos de sus manos se fortalecieron por las manos del Fuerte de Jacob (Por el nombre del Pastor, la Roca de Israel), por el Dios de tu padre, el cual te ayudará, por el Dios Omnipotente, el cual te bendecirá con bendiciones de los cielos arriba, con bendiciones del abismo que está abajo, con bendiciones de los pechos y del vientre. Las bendiciones de tu padre fueron mayores que las bendiciones de mis progenitores; hasta el término de los collados eternos serán sobre la cabeza de José, y sobre la frente del que fue apartado de entre sus hermanos (Génesis 49:22-26, énfasis del autor).

Por tener *el amor en el espíritu* su vida fue fructífera en la tierra de su cautiverio y de su aflicción; sus vástagos se extendieron sobre el muro, protegiendo su condición de hombre apartado por Dios, con propósitos divinos y eternos. Aunque le causaron amargura y lo asaetearon, aunque le aborrecieron los arqueros, su arco se mantuvo poderoso y sus brazos fueron fortalecidos por las manos del Fuerte de Jacob, por la Roca de Israel, por el Dios de su padre, el Omnipotente Dios del cielo.

Este pasaje de Génesis 49:22-26 revela con claridad que José era un varón que estaba envuelto en la llama de el *amor en el espíritu*, motivo por el cual pudo soportar la prueba de su fidelidad al Dios de su padre sin murmuraciones y sin quejas, sin lamentos y sin amargura, sin rencor y sin congojas.

Aunque separado de su padre y de su propia tierra, continuó unido al Dios de Jacob por *el amor en el espíritu*, por su fe en Dios, eslabones irrompibles que ni el mundo ni la fama ni lo duro de la prueba pueden romper. Fue por eso que su arco se mantuvo firme frente al rechazo y al odio de sus propios hermanos. Fue también por eso que ellos, sin entenderlo, estaban procediendo a favor de los propósitos que Dios tenía para José. Por eso la palabra dice en Juan 13:6,7: «Entonces vino a Simón Pedro; y Pedro le dijo: Señor, ¿tú me lavas los pies? Respondió Jesús y le dijo: Lo que yo hago, tú no lo comprendes ahora; mas lo entenderás después».

Esta es la clase de amor que la familia necesita, que la iglesia debe tener y que los líderes deben buscar para que haya cambios en la sociedad; para que las naciones sean cambiadas; para que la familia sea restaurada y para que la iglesia sea *una* así como el Padre y el Hijo son *uno*. Juan 10:30 dice: «Yo y el Padre uno somos». Esto es lo que cambia vidas, lo que toca los corazones endurecidos por el pecado, lo que produce un cambio en todas las esferas de la vida humana y un avivamiento del Espíritu de Dios. Búsquelo, lo podrá recibir como la iglesia de los Colosenses. Búsquelo, porque es así como él causará una revolución espiritual en su ministerio, en el servicio a Dios y en la extensión del reino celestial. Encuéntrelo, porque Dios se lo quiere dar.

II. Demostrado en la casa de Potifar

A. Al hacer prosperar al egipcio y ser prosperado por Dios.

Llevado, pues, José a Egipto, Potifar oficial de Faraón, capitán de la guardia, varón egipcio, lo compró de los ismaelitas que lo habían llevado allá. Mas Jehová estaba con José, y fue varón próspero; y estaba en la casa de su amo el egipcio. Y vio su amo que Jehová estaba con él, y que todo lo que él hacía, Jehová lo hacía prosperar en su mano. Así halló José gracia en sus ojos, y le servía; y él le hizo mayordomo de su casa y entregó en su poder todo lo que tenía. Y aconteció que desde cuando le dio el encargo de su casa y de todo lo que tenía, Jehová bendijo la casa del egipcio a causa de José, y la bendición de Jehová estaba sobre todo lo que tenía, así en casa como en el campo. Y dejó todo lo que tenía en mano de José, y con él no se preocupaba de cosa alguna sino del pan que comía. Y era José de hermoso semblante y bella presencia (Génesis 39:1-6, énfasis del autor).

José fue un varón que fluyó con *el amor en el espíritu* en el mercado de esclavos, porque fue un joven quemado con el fuego del Espíritu y bautizado con *el amor en el espíritu*. Vivió en el Espíritu, caminó en el Espíritu y le sirvió a Potifar con la gracia del Espíritu. Todo lo que sus manos hacían, Dios lo prosperaba. Sus palabras tenían el néctar de *el amor en el espíritu*. Por eso era «de hermoso semblante y bella presencia». Disfrutaba de belleza física y hermosura espiritual ante los ojos de Dios y de los hombres.

B. Al resistir la tentación y ser fiel a su amo.

Aconteció después de esto, que la mujer de su amo puso sus ojos en José, y dijo: Duerme conmigo. Y él no quiso, y dijo a la mujer de su amo: He aquí que mi señor no se preocupa conmigo de lo que hay en casa, y ha puesto en mi mano todo lo que tiene. No hay otro mayor que yo en esta casa, y ninguna cosa me ha reservado sino a ti, por cuanto tú eres su mujer; ¿cómo, pues, haría yo este grande mal, y pecaría contra Dios? (Génesis 39:7-9, énfasis del autor).

José, por disfrutar de *el amor en el espíritu*, mantuvo su mirada puesta en Dios y vio el pecado como Dios le ve; respetó a su amo no traicionándolo y se mantuvo inmutable sin cambiar sus derechos como hombre de Dios por el momento de placer sexual que le brindaba la mujer de Potifar.

José, sin apartarse de lo que es honesto y puro, salió victorioso durante la tentación. No se contaminó con la inmoralidad del pecado sexual ni se doblegó ante la esposa de Potifar, pues se sometió a Dios y resistió al diablo. He aquí lo que es un verdadero hombre que con temor respeta a Dios y también a su amo, que es íntegro con Dios y honesto con su patrón, que no defrauda su fe en Dios ni la confianza de su amo, que se guarda recto y casto en la casa del egipcio y deja brillar con sus actos lo que es *el amor en el espíritu*.

C. Al ser un hombre con dominio propio frente al sexo.

Hablando ella a José cada día, y no escuchándola *él para acostarse al lado de ella, para estar con ella, aconteció que entró él un día en casa para hacer su oficio, y no había nadie de los de casa allí Y ella lo asió por su ropa, diciendo:* Duerme conmigo. *Entonces él dejo su ropa en las manos de ella, y* huyó *y salió* (Génesis 39:10-12, énfasis del autor).

A José lo controlaba *el amor en el espíritu*, no los deseos de la carne; caminaba en el Espíritu, no bajo el dominio de las emociones de su alma y de la lascivia humana.

Por tener *el amor en el espíritu* pudo crucificar los deseos de la carne y controlar los deseos sexuales, pues prefirió dejar su ropa al lado de la mujer que llena de lascivia lo tentaba sin pensar en las consecuencias que le vendrían por el hecho de conservarse puro y limpio delante de Dios y de los hombres. Esta es la clase de hombres que Dios está buscando para efectuar cambios en la familia, la iglesia, la sociedad y también en el mundo. Usted puede ser un candidato de bendición si está dispuesto a seguir la conducta recta de José y permite que Dios lo llene con *el amor en el espíritu*.

D. Al guardar silencio cuando fue acusado falsamente.

Cuando vio ella que le había dejado su ropa en sus manos, y había huido fuera, llamó a los de casa, y les habló diciendo: Mirad, nos ha traído un hebreo para que hiciese burla de nosotros. Vino él a mí para dormir conmigo, y yo di grandes voces; y viendo que yo alzaba la voz y gritaba, dejó junto a mí su ropa, y huyó y salió. Y ella puso junto a sí la ropa de José, hasta que vino su señor a su casa. Entonces le habló ella las mismas palabras, diciendo: El siervo hebreo que nos trajiste, vino a mí para deshonrarme. Y cuando yo alcé mi voz y grité, él dejó su ropa junto a mí y huyó fuera. Y sucedió que cuando oyó el amo de José las palabras que su mujer le hablaba, diciendo: Así me ha tratado tu siervo, se encendió su furor (Génesis 39:13-19).

Esta mujer llena de lascivia se quedó con la ropa de José en sus manos, pero no pudo tocar sus emociones sexuales; lo prendió de sus ropas, pero él huyo de ella; quiso seducirlo con su lengua, pero él no la escuchó, porque tenía *el amor en el espíritu* como un escudo de protección divina. Aunque fue calumniado con palabras malévolas de venganza e infamia, José continuó siendo prosperado por Dios en medio del fuego de la prueba y no manchó su alma con la inmoralidad del pecado. José prefirió huir antes que caer en los brazos seductores de la mujer ajena, demostrando de esa manera su carácter santo, fuerza espiritual, respeto y sumisión a la autoridad de su amo, temor y lealtad al Dios de su padre Jacob y *el amor en el espíritu*.

José fue un joven leal con Dios, con su amo ante los egipcios y consigo mismo. No vendió su conciencia ni cedió sus derechos ante los deseos de la carne, resistió al diablo y se sometió a Dios, dejándonos un testimonio de carácter divino, de temor celestial, de obediencia total y de *amor en el espíritu*.

III. Demostrado en la cárcel

A. Al prosperar cuando fue encarcelado injustamente.

Y tomó su amo a José, y lo puso en la cárcel*, donde estaban los presos del rey, y estuvo allí en la cárcel. Pero Jehová* estaba con José *y le* extendió su misericordia, *y le dio gracia en los ojos del jefe de la cárcel. Y el jefe de la cárcel entregó en mano de José el cuidado de todos los presos que había en aquella prisión; todo lo que se hacía allí, él lo hacía. No necesitaba atender el jefe de la cárcel cosa alguna de las que estaban al cuidado de José, porque Jehová* estaba con José *y lo que él hacía, Jehová lo* prosperaba (Génesis 39:20-23, énfasis del autor).

Nuevamente José, en el valle de la prueba, muestra *el amor en el espíritu* sin murmurar ni quejarse de la injusticia por la cual estaba pasando, pues fue puesto en prisión por no haberse rendido ante la pasión carnal y sexual de una mujer que carecía de dominio propio y del temor de Dios.

Sin embargo, Dios continuó acompañando a José en el valle de la aflicción, extendiendo su misericordia sobre él y dándole gracia en los ojos del jefe de la cárcel, el cual entregó a su cuidado todos los presos que habían en la prisión. Y todo lo que se hacía allí, José lo hacía y el Señor lo prosperaba.

José continuó brillando para Dios en la cárcel, hallando gracia delante del jefe de la cárcel y siendo prosperado por Dios en el valle oscuro de la prueba. Siguió demostrando el fruto de *el amor en el espíritu*, al ser rama fructífera junto a una fuente, cuyos vástagos se extienden sobre el muro.

Dios permitió las presiones fuertes por medio de las cuales José pasaba para que generaran en él una vida más acrisolada, un carácter más fuerte, un amor más profundo, una ternura más bella, una fe más intensa, una paciencia más grande, una visión más clara, y *un amor en el espíritu* más real e intenso.

B. Al servir al copero y al panadero de Faraón.

Aconteció después de estas cosas, que el copero del rey de Egipto y el panadero delinquieron contra su señor el rey de Egipto. Y se enojó Faraón contra sus dos oficiales, contra el jefe de los coperos y contra el jefe de los panaderos, y los puso en prisión en la casa del capitán de la guardia, en la cárcel donde José estaba preso. Y el capitán de la guardia encargó de ellos a José, y él les servía; y estuvieron días en la prisión (Génesis 40:1-4, énfasis del autor).

Aquí vemos a dos hombres que llegan a la cárcel donde está José por haber delinquido contra Faraón y cómo José, un varón de Dios que está preso injustamente, les sirve. Ahora José entra en contacto con los hombres del palacio de Faraón, por lo que se puede ver la mano de Dios preparando todo para el cumplimiento de sus propósitos en la vida de José, en el reino de Faraón y en la nación que él quiere formar con el fin de dar el Mesías al mundo.

José demuestra su simpatía hacia el copero y el panadero de Faraón porque les sirve con ternura, los ama con compasión divina; siente en sí mismo sus angustias, sus congojas, sus penas y sus dolores, y se identifica con ellos en la prueba.

C. Al mostrar compasión y ternura por el copero y el panadero.

Y ambos, el copero y el panadero del rey de Egipto, que estaban arrestados en la prisión, tuvieron un sueño, cada uno su propio sueño en una misma noche, cada uno con su propio significado. Vino a ellos José por la mañana, y los miró, y he aquí que estaban tristes. Y él preguntó a aquellos oficiales de Faraón, que estaban con él en la prisión de la casa de su señor, diciendo: ¿Por qué parecen hoy mal vuestros semblantes? Ellos le dijeron: Hemos tenido un sueño, y no hay quien lo interprete. Entonces les dijo José: ¿No son de Dios las interpretaciones? Contádmelo ahora (Génesis 40:5-8, énfasis del autor).

José, por disfrutar de *el amor en el espíritu*, demostró compasión y ternura cuando vio la tristeza revelada en los rostros del copero y del panadero de Faraón. Al mirarlos con los lentes de *el amor en el espíritu* reconoció su angustia interna y su dolor profundo, su tristeza amarga y su turbación mental. Por eso les preguntó la causa de la mala apariencia de sus rostros.

Al oírlos, les presentó al que podía dar la interpretación de sus sueños, permitiendo de esa manera a que ellos pudieran contemplar el brillo de *el amor en el espíritu* y la luz de la esperanza que contenía el significado de sus sueños.

José, en el hogar, sirvió con integridad a su padre y a sus hermanos; en la casa de Potifar le sirvió con honestidad e integridad; y ahora en la cárcel, lo hace con amor y compasión por los presos. Su vida es bella, hermosa, transparente, noble y está llena de *el amor en el espíritu*.

D. Al revelar los sueños del copero y del panadero.

Y le dijo José: Esta es su interpretación: los tres sarmientos son tres días. Al cabo de tres días levantará Faraón tu cabeza, y te restituirá a tu puesto, y darás la copa a Faraón

*en su mano, como solías hacerlo cuando eras su copero.
Acuérdate, pues, de mí cuando tengas ese bien, y te ruego que
uses conmigo de misericordia, y hagas mención de mí a
Faraón, y me saques de esta casa. Porque fui hurtado de la
tierra de los hebreos; y tampoco he hecho aquí por qué me
pusiesen en la cárcel* (Génesis 40:12-15).

José, a pesar de encontrarse en la cárcel, disfruta de la presencia
de Dios, y por esa presencia en su vida, recibe iluminación divina
para interpretar los sueños del copero. Después de hacerlo, le ruega
que se acuerde de él cuando sea restaurado como copero del rey,
poniendo en conocimiento del monarca egipcio la situación injusta
por la cual se encuentra en la cárcel. Pero el copero se olvidó de
José por dos años.

Ya habían pasado once años de silencio total en cuanto a su familia y su tierra desde que fue vendido por sus hermanos, y parecía
que su período sombrío no terminaba, así que debe esperar dos años
más en el valle de la aflicción, a fin de graduarse con los máximos
honores cuando saliera de la oscura prueba.

El copero se olvidó de José por dos años, pero Dios no. Él continuó el proceso de preparación de su siervo, dejándolo dos años
más en la escuela de la prueba y en el crisol del fuego de la aflicción; la cual José continuó soportando sin queja y sin murmuración,
demostrando en la cárcel el fruto de *el amor en el espíritu* delante
de Dios, de los presos y del carcelero.

En la vida de José hay prueba, pero también bendición; hay
prueba, pero también prosperidad; hay prueba, pero también revelación; hay prueba, pero también la presencia de Dios; hay prueba,
pero Dios esta con él; hay prueba, pero de igual forma fruto de *el
amor en el espíritu*

IV. Demostrado en el palacio de Faraón

A. Dios interviene en la vida de José y el copero se acuerda de él.

*Entonces el jefe de los coperos habló a Faraón, diciendo:
me acuerdo hoy de mis faltas. Cuando Faraón se enojó contra sus siervos, nos echó a la prisión de la casa del capitán de
la guardia a mí y al jefe de los panaderos. Y él y yo tuvimos*

un sueño en la misma noche, y cada sueño tenía su propio sig-
nificado. Estaba allí con nosotros un joven hebreo, siervo del
capitán de la guardia; y se lo contamos, y él nos interpretó
nuestros sueños, y declaró a cada uno conforme a su sueño.
Y aconteció que como él nos los interpretó, así fue: Yo fui res-
tablecido en mi puesto, y el otro fue colgado (Génesis 41:9-
13, énfasis del autor).

Por fin llegó el tiempo de Dios y esta etapa de aflicción en la vida
de José, etapa que duró trece años, está por terminar debido a que
nadie pudo interpretar los sueños de Faraón. Hay revuelo en el palacio real egipcio por la inquietud y el desasosiego del monarca. Nadie
sabe qué hacer, pero en ese momento el copero se acuerda del joven
hebreo que había interpretado su sueño y el de su compañero de
infortunio en la cárcel, por lo que habla a Faraón acerca de José. Por
fin llega la aurora de un nuevo amanecer con Dios en la vida de José;
por fin las sombras de la noche terminan y un nuevo día de enalte-
cimiento se aproxima, aunque él en la cárcel lo ignoraba.

Quizás José ya había olvidado lo relacionado con el copero y el
panadero, pero Dios no lo había abandonado en la soledad de su
prueba, en la aflicción de su preparación. Dios interviene de nuevo
dándole sueños a Faraón y haciendo que el copero se acordara de
José. Dios mueve a Faraón con los sueños que le da, y al copero, al
hace que se acuerde de José. Por fin, después de trece años en el
valle de la escuela de Dios, el cielo se mueve a favor de José, a
favor de Egipto y del pueblo de Dios.

B. Sacan a José de la cárcel y lo llevan ante Faraón.

Entonces Faraón envió y llamó a José. Y lo sacaron apre-
suradamente de la cárcel, y se afeitó, y mudó sus vestidos, y
vino a Faraón (Génesis 41:14).

Dios se acordó de José y también el copero. Faraón ordena que
lo saquen de la cárcel y lo lleven al palacio para que interprete sus
sueños; sueños que los magos y sabios de Egipto no pudieron interpretar. Por fin Dios cerró las puertas de la cárcel de la aflicción
injusta y puso fin a los largos años que utilizó sirviendo al capitán
de la guardia de Faraón, cuidando a los presos y siendo un canal de

bendición para ellos. Ahora las puertas del palacio de Faraón se abren y José es llevado ante él, a fin de otorgarle una nueva misión de mayor responsabilidad en relación con el destino de Egipto y de su propio pueblo.

Por fin la aurora de un nuevo amanecer llega para José, el varón que durante trece años de aflicción y pruebas demostró sin lamentos y quejas lo que es *el amor en el espíritu*.

C. José interpreta los sueños de Faraón.

Esto es lo que respondo a Faraón. Lo que Dios va a hacer, *lo ha mostrado a Faraón. He aquí vienen siete años de gran abundancia en toda la tierra de Egipto. Y tras ellos seguirán siete años de hambre; y toda la abundancia será olvidada en la tierra de Egipto, y el hambre consumirá la tierra. Y aquella abundancia no se echará de ver, a causa del hambre siguiente la cual será gravísima. Y el suceder el sueño a Faraón dos veces, significa que la cosa es firme de parte de Dios, y que Dios se apresura a hacerla* (Génesis 41:28-32, énfasis del autor).

José, fluyendo con revelación de Dios, le da la interpretación de los sueños a Faraón, los cuales se refieren a siete años de abundancia y siete años de escasez que vendrían sobre la nación de Egipto. José, por disfrutar de *el amor en el espíritu*, tenía las ventanas de los cielos siempre abiertas para recibir la revelación y la comprensión de Dios acerca de lo que él le quería decir a Faraón por medio de los dos sueños que había tenido. Pudo percibir y comprender con claridad el significado de las siete vacas gordas y las siete vacas flacas, de las siete espigas llenas y de las siete espigas menudas y marchitas, las cuales eran siete años de abundancia y siete años de escasez. También vio los peligros que vendrían sobre la nación si no se tomaban medidas inmediatas y se guardaba comida para los siete años de hambre, comprendiendo que el asunto era firme de parte de Dios y que lo ejecutaría pronto.

Como José estaba dentro de los propósitos de Dios fue rechazado, odiado y vendido como esclavo por sus hermanos, llevado a Egipto, comprado por Potifar, tentado por la esposa de este y llevado a la cárcel donde hizo contacto con el copero y el panadero de Faraón, a quienes les interpretó los sueños. Ahora, después de trece años de camino oscuro y de prueba se encuentra en el palacio de

Faraón para ser nombrado gobernante de Egipto, pues de esta manera, por determinación divina, se convertiría en un canal de salvación para la nación y para su propio pueblo. De esa manera José cumplió el propósito por el cual fue apartado de entre sus hermanos.

D. José aconseja a Faraón con sabiduría divina.

Por tanto, provéase ahora Faraón de un varón prudente y sabio, y póngalo sobre la tierra de Egipto. Haga esto Faraón, y ponga gobernadores sobre el país, y quinte la tierra de Egipto en los siete años de la abundancia. Y junten toda la provisión de estos buenos años que vienen, y recojan el trigo bajo la mano de Faraón para mantenimiento de las ciudades; y guárdenlo. Y esté aquella provisión en depósito para el país, para los siete años de hambre que habrá en la tierra de Egipto; y el país no perecerá de hambre (Génesis 41:33-36).

José, con sabiduría celestial, con revelación del Espíritu de Dios y con el fluir de *el amor en el espíritu*, le aconseja a Faraón buscar un varón prudente y sabio para ponerlo sobre la tierra de Egipto, nombrar gobernadores sobre el país, quintar la tierra durante los siete años de abundancia y guardar el trigo bajo la mano de Faraón para mantener las ciudades durante los siete años de hambre, a fin de que la nación no perezca por causa de dicha adversidad.

E. José es nombrado gobernante de Egipto.

El asunto pareció bien a Faraón y a sus siervos, y dijo Faraón a sus siervos: ¿Acaso hallaremos a otro hombre como éste, en quien *esté el espíritu de Dios? Y dijo Faraón a José: Pues que Dios te ha hecho saber todo esto, no hay entendido ni sabio como tú. Tú estarás sobre mi casa, y por tu palabra se gobernará todo mi pueblo; solamente en el trono seré yo mayor que tú. Dijo además Faraón a José: He aquí yo te he puesto sobre toda la tierra de Egipto* (Génesis 41:37-41, énfasis del autor).

Faraón reconoció que José era el hombre asignado por Dios para obrar con sabiduría divina en la situación por la que atravesaría

Egipto. También que Dios le estaba dando a conocer a José los hechos que vendrían, por lo que no había otro tan entendido y tan sabio como él, un hombre en el cual moraba el Espíritu de Dios. Por eso, sin temor y sin desconfianza, Faraón lo hizo gobernante de Egipto y de su pueblo, dejando en sus manos la responsabilidad total de la situación.

Es hermoso observar cómo este gobernante egipcio pudo ver en José una vida de transparencia fiel, de comprensión espiritual, de profunda sabiduría, de carácter honesto, de unción divina y de llenura con la llama de *el amor en el espíritu.* Creo que ahora José comprende en parte el por qué tuvo que pasar por caminos tan difíciles y oscuros, por pruebas tan duras y difíciles de soportar, por aflicciones originadas en su propia familia y en la casa de Potifar, y por qué el copero se olvidó de él por dos años. Era para que los sueños que Dios le había dado en el hogar de su padre Jacob se cumplieran. Todo esto es como el salir de una noche oscura a un bello amanecer, de un valle de tinieblas al monte de la transfiguración y de un desierto ardiente a una tierra de fuentes abundantes y de prosperidad. Este cambio trascendental fue operado por la providencia divina, pues en esta situación estuvo la mano poderosa del Altísimo disponiéndolo todo; cerrando puertas y abriéndolas, permitiendo pruebas dolorosas y tiempos de refrigerio incomprensibles para los humanos, pero comprensibles para Dios, amargas para el hombre, pero transformadoras en las manos de Dios.

F. José recibe dones y beneficios de Faraón.

Entonces Faraón quitó su anillo *de su mano, y lo puso en la mano de José, y lo hizo vestir de ropas de lino finísimo, y puso un* collar *de oro en su cuello; y lo hizo subir en su* segundo carro, *y pregonaron delante de él: ¡Doblad la rodilla!; y lo puso sobre toda la tierra de Egipto. Y llamó Faraón el nombre de José, Zafnat-panea; y le dio por* mujer *a Asenat, hija de Potifera sacerdote de On. Y salió José por toda la tierra de Egipto* (Génesis 41:42-43,45, énfasis del autor).

José se sorprendió cuando fue exaltado como gobernante sobre la tierra de Egipto; cuando Faraón se quitó su anillo y lo puso en la mano de José; cuando fue vestido con ropa de lino finísimo; cuando recibió un collar de oro; cuando subió al segundo carro de Faraón y cuando los heraldos faraónicos pregonaron que se doblase toda rodilla ante él como una especie de virrey efectivo sobre los dominios egipcios. En esta orden se incluía a Potifar y su esposa, al carcelero y al copero de Faraón. Lo más sorprendente de todo fue que recibió una esposa que quizás nunca imaginó. Todo esto le llegó como resultado de haber caminado pacientemente en los caminos de Dios, los cuales, aunque eran difíciles, conducían a un lugar de exaltación, de autoridad y de bendiciones nunca esperadas por él.

G. José comienza a gobernar en Egipto.

En aquellos siete años de abundancia la tierra produjo a montones. Y él reunió todo el alimento de los siete años de abundancia que hubo en la tierra de Egipto, y guardó alimento en las ciudades, poniendo en cada ciudad el alimento del campo de sus alrededores. Recogió José trigo como la arena del mar, mucho en extremo, hasta no poderse contar, porque no tenía número (Génesis 41:47-49).

Ahora Egipto tenía trigo y comida sin número para los siete años de hambre que están por comenzar, y todo porque Dios intervino cuando separó a José y lo envió por caminos incomprensibles para salvar a esa nación. En verdad, como dice la palabra, los caminos de Dios son mucho más altos que los caminos nuestros (Isaías 55:8-9).

José ya no estaba bajo las órdenes del carcelero y el capitán de la guardia; ahora ellos debían obedecerlo. En lugar de ser un esclavo y un prisionero es gobernante de todo Egipto. En lugar de cárcel tiene un palacio. Ya no está solo y soltero, pues tiene esposa. Ya no viste los atuendos propios de un presidiario, ahora tiene un vestido real. En lugar de escasez ahora lo tiene todo, porque Dios lo ha trasladado de la escasez a la abundancia y de esclavo a gobernador.

H. José muestra un espíritu perdonador.

Así diréis a José: Te ruego que perdones ahora la maldad de tus hermanos y su pecado, porque mal te trataron; por tanto, ahora te rogamos que perdones la maldad de los siervos del Dios de tu padre. Y José lloró mientras hablaban.

*Vinieron también sus hermanos y se postraron delante de él,
y dijeron: Henos aquí por siervos tuyos. Y les respondió José:
No temáis; ¿acaso estoy yo en lugar de Dios? Vosotros pensasteis mal contra mí, mas Dios lo encaminó a bien, para
hacer lo que vemos hoy, para mantener en vida a mucho pueblo. Ahora, pues, no tengáis miedo; yo os sustentaré a vosotros y a vuestros hijos.* Así los consoló, y les habló al corazón
(Génesis 50:17-21, énfasis del autor).

I. José anticipa el futuro con visión profética.

*Y José dijo a sus hermanos: Yo voy a morir; mas Dios cier-
tamente* los visitará, *y os hará subir de esta tierra a la tierra
que juró a Abraham, a Isaac y a Jacob. E hizo jurar José a los
hijos de Israel, diciendo: Dios ciertamente os visitará, y
haréis llevar de aquí mis huesos. Y murió José a la edad de*
ciento diez años; *y lo embalsamaron, y fue puesto en un ataúd
en Egipto* (Génesis 50:24-26, énfasis del autor).

J. José deja un testimonio brillante acerca del fruto de el amor en
el espíritu.

Rama fructífera *es José, rama* fructífera *junto a una fuente,
cuyos vástagos se extienden sobre el muro. Le causaron* amargura, *le* asaetearon, *y le* aborrecieron *los arqueros; mas su
arco se mantuvo poderoso, y los brazos de sus manos se fortalecieron por las manos del Fuerte de Jacob (Por el nombre
del Pastor, la Roca de Israel), por el Dios de tu padre, el cual
te ayudará, por el Dios Omnipotente, el cual te bendecirá con
bendiciones de los cielos de arriba, con bendiciones del
abismo que está abajo, con bendiciones de los pechos y del
vientre. Las bendiciones de tu padre fueron mayores que las
bendiciones de mis progenitores; hasta el término de los
collados eternos serán sobre la cabeza de José, y sobre la
frente del que fue apartado de entre sus hermanos* (Génesis
49:22-26, énfasis del autor).

• Fue evidente el fruto de *el amor en el espíritu* en el hogar.
• Fue evidente el fruto de *el amor en el espíritu* en la casa de
  Potifar.

- Fue evidente el fruto de *el amor en el espíritu* en la cárcel.
- Fue evidente el fruto de *el amor en el espíritu* en el gobierno.
- Fue evidente el fruto de *el amor en el espíritu* con el copero perdonado.

Todo esto se debió a que José había encontrado en Dios la fuente del amor genuino, es decir, de *el amor en el espíritu*.

V. El fluir del amor en el espíritu en José

A. Fluyó con justicia en el hogar.

Esta es la historia de la familia de Jacob: José, siendo de edad de diecisiete años, apacentaba las ovejas con sus hermanos; y el joven estaba con los hijos de Bilha y con los hijos de Zilpa, mujeres de su padre; e informaba José a su padre *la mala fama de ellos* (Génesis 37:2, énfasis del autor).

B. Fluyó con revelación en el hogar.

Y soñó José un sueño, y lo contó a sus hermanos; y ellos llegaron a aborrecerle más todavía. Y él les dijo: Oíd ahora este sueño que he soñado: He aquí que atábamos manojos en medio del campo, y he aquí que mi manojo se levantaba y estaba derecho, y que vuestros manojos estaban alrededor y se inclinaban al mío. Le respondieron sus hermanos: ¿Reinarás tú sobre nosotros, o señorearás sobre nosotros? Y le aborrecieron *aun más a causa de sus sueños y sus palabras. Soñó aun otro sueño, y lo contó a sus hermanos, diciendo: He aquí que he soñado otro sueño, y he aquí que el sol y la luna y once estrellas se inclinaban a mí. Y lo contó a su padre y a sus hermanos; y su padre le reprendió, y le dijo: ¿Qué sueño es este que soñaste? ¿Acaso vendremos yo y tu madre y tus hermanos a postrarnos en tierra ante ti? Y sus hermanos le tenían* envidia, *mas su padre meditaba en esto* (Génesis 37:5-11, véase 40:6-15; 41:28-32, énfasis del autor).

C. Fluyó con prosperidad en la casa de Potifar.

Llevado, pues, José a Egipto, Potifar oficial de Faraón, capitán de la guardia, varón egipcio, lo compró de los ismaelitas que lo habían llevado allá. Mas Jehová estaba con José, y fue varón próspero, *y estaba en la casa de su amo el egipcio. Y vio su amo que Jehová estaba con él, y que todo lo que él* hacía, *Jehová lo hacía* prosperar *en su mano. Así halló José gracia en sus ojos,* y le servía; *y él le hizo mayordomo de su casa y entregó en su poder todo lo que tenía. Y aconteció que desde cuando le dio el encargo de su casa y de todo lo que tenía,* Jehová bendijo *la casa del egipcio a causa de José, y la bendición de Jehová estaba sobre todo lo que tenía, así en casa como en el campo. Y dejó todo lo que tenía en mano de José, y con él no se preocupaba de cosa alguna sino del pan que comía. Y era José de* hermoso semblante y bella presencia (Génesis 39:1-6, énfasis del autor).

D. Fluyó con dominio propio ante la esposa de Potifar.

Hablando ella a José cada día, y no escuchándola *él para acostarse al lado de ella, para estar con ella, aconteció que entró él un día en casa para hacer su oficio, y no había nadie de los de casa allí. Y ella lo asió por su ropa, diciendo:* Duerme conmigo. *Entonces él dejó su ropa en las manos de ella, y* huyó y salió (Génesis 39:10-12, énfasis del autor).

E. Fluyó con bondad cuando estuvo en la cárcel.

Y ambos, el copero y el panadero del rey de Egipto, que estaban arrestados en la prisión, tuvieron un sueño, cada uno su propio sueño en una misma noche, cada uno con su propio significado. Vino a ellos José por la mañana, y los miró, y he aquí que estaba tristes. Y él preguntó a aquellos oficiales de Faraón, que estaban con él en la prisión de la casa de su señor, diciendo: ¿Por qué parecen hoy mal vuestros semblantes? *Ellos le dijeron: Hemos tenido un sueño, y no hay quien lo interprete. Entonces les dijo José: ¿No son de Dios las interpretaciones? Contádmelo ahora* (Génesis 40:5-8, énfasis del autor).

F. Fluyó con sabiduría al aconsejar a Faraón.

Por tanto, provéase ahora Faraón de un varón prudente y sabio, y póngalo sobre la tierra de Egipto. Haga esto Faraón, y ponga gobernadores sobre el país, y quinte la tierra de Egipto en los siete años de la abundancia. Y junten toda la provisión de estos buenos años que vienen, y recojan el trigo bajo la mano de Faraón para mantenimiento de las ciudades; y guárdenlo. Y esté aquella provisión en depósito para el país, para los siete años de hambre que habrá en la tierra de Egipto; y el país no perecerá de hambre (Génesis 41:33-36).

G. Fluyó con provisión abundante para Egipto.

En aquellos siete años de abundancia la tierra produjo a montones. Y él reunió todo el alimento de los siete años de abundancia que hubo en la tierra de Egipto, y guardó alimento en las ciudades, poniendo en cada ciudad el alimento del campo de sus alrededores. Recogió José trigo como la arena del mar, mucho en extremo, hasta no poderse contar, porque no tenía número (Génesis 41:47-49).

H. Fluyó con perdón para sus hermanos.

Así diréis a José: Te ruego que perdones ahora la maldad de tus hermanos y su pecado, porque mal te trataron; por tanto, ahora te rogamos que perdones la maldad de los siervos del Dios de tu padre. Y José lloró mientras hablaban. Vinieron también sus hermanos y se postraron delante de él, y dijeron: Henos aquí por siervos tuyos. Y les respondió José: No temáis; ¿acaso estoy yo en lugar de Dios? Vosotros pensasteis mal contra mí, mas Dios lo encaminó a bien, para hacer lo que vemos hoy, para mantener en vida a mucho pueblo. Ahora, pues, no tengáis miedo; yo os sustentaré a vosotros y a vuestros hijos. Así los consoló, y les habló al corazón (Génesis 50:17-21, énfasis del autor).

I. Fluyó con visión profética en Egipto.

Y José dijo a sus hermanos: Yo voy a morir; mas Dios cier-
tamente os visitará, y os hará subir de esta tierra a la tierra
que juró a Abraham, a Isaac y a Jacob. E hizo jurar José a los
hijos de Israel, diciendo: Dios ciertamente os visitará, y
haréis llevar de aquí mis huesos (Génesis 50:24-25, énfasis
del autor).

J. Fluyó con abundante fruto de el amor en el espíritu.

Rama fructífera *es José, rama fructífera junto a una fuente,*
cuyos vástagos se extienden sobre el muro. Le causaron amar-
gura, le asaetearon, y le aborrecieron los arqueros; mas su
arco se mantuvo poderoso, y los brazos de sus manos se for-
talecieron por las manos del Fuerte de Jacob (Por el nombre
del Pastor, la Roca de Israel), por el Dios de tu padre, el cual
te ayudará, por el Dios Omnipotente, el cual te bendecirá
con bendiciones de los cielos arriba, con bendiciones del
abismo que está abajo, con bendiciones de los pechos y del
vientre. Las bendiciones de tu padre fueron mayores que las
bendiciones de mis progenitores; hasta el término de los
collados eternos serán sobre la cabeza de José, y sobre la
frente del que fue apartado de entre sus hermanos (Génesis
49:22-26).

- En el hogar fue recto
- En casa de Potifar fue próspero
- En la cárcel fue compasivo
- En el trono fue fiel

Cuando pases por las aguas, yo estaré contigo; y si por los
ríos, no te anegaran. Cuando pases por el fuego, no te que-
marás, ni la llama arderá en ti (Isaías 43:2).

El que hace a los vientos sus mensajeros, y a las flamas de
fuego sus ministros (Salmos 104:4).

*Ciertamente de los ángeles dice: El que hace a sus ánge-
les espíritus, y a sus ministros llama de fuego* (Hebreos 1:7).

*Y no solo esto, sino que también nos gloriamos en las tri-
bulaciones, sabiendo que la tribulación produce paciencia; y
la paciencia, prueba; y la prueba, esperanza; y la esperanza
no avergüenza; porque el amor de dios ha sido derramado en
nuestros corazones por el Espíritu Santo que nos fue dado*
(Romanos 5:3-5).

El amor en el espíritu en la vida de Rut la moabita

I. Noemí y sus dos nueras

A. Noemí emprende su retorno a Judá.

Y murió Elimelec, marido de Noemí, y quedó ella con sus dos hijos, los cuales tomaron para sí mujeres moabitas; el nombre de una era Orfa, y el nombre de la otra, Rut; y habitaron allí unos diez años. Y murieron también los dos, Mahlón y Quelión, quedando así la mujer desamparada de sus dos hijos y de su marido. Entonces se levantó con sus nueras, y regresó de los campos de Moab; porque oyó en el campo de Moab que Jehová había visitado a su pueblo para darles pan. Salió, pues, del lugar donde había estado, y con ella sus dos nueras, y comenzaron a caminar para volverse a la tierra de Judá (Rut 1:3-7, énfasis del autor).

En el período en que los jueces gobernaron a Israel, cuando cada uno hacía lo que bien la parecía, la tierra de Judá sufrió los efectos dolorosos de una nefasta hambruna. Un israelita de dicha tribu, llamado Elimelec, descendió a la tierra de Moab con su pequeña familia integrada por su esposa Noemí y sus dos hijos. Pero los días de Elimelec estaban contados y dicha tierra recibió los despojos mortales de aquel sufrido varón del pueblo de Dios. Transcurrido un prudente lapso de tiempo, los dos huérfanos contrajeron nupcias con dos mujeres moabitas. Desafortunadamente, diez años después, la muerte volvió a hacer mella en el pequeño círculo familiar israelita y hubo dos sensibles bajas: los dos varones, Mahlón y Quelión. Así que las tres mujeres que integraban aquel hogar se vieron enfrentadas a la viudez. Dicha adversidad no era otra cosa que el paso doloroso por el valle de la prueba y la congoja. Tal era la situación de Noemí, con su fe en Dios y la de sus nueras, que adoraban dioses paganos.

Noemí perdió a su esposo y a sus dos hijos en Moab, pero no perdió su fe en Dios ni la mezcló con la religión pagana de los moabitas. Tampoco se dejó influenciar por los dioses que sus nueras adoraban. Todo lo contrario, fue una influencia muy grande para ellas con su testimonio y su viva fe en Dios, fe que no se quedó en el intelecto o en el alma de Rut, sino que penetró en lo profundo del corazón de esta mujer moabita. Desafortunadamente no sucedió lo mismo con su otra nuera, Orfa; pues el testimonio y la fe de Noemí solo tocaron su alma y sus emociones, no su espíritu, como sucedió con Rut.

El hambre en Judá obligó a Elimelec y a Noemí a descender a Moab, ahora la visitación de Dios a Judá motiva a Noemí a retornar a su tierra. Las tres comienzan a caminar para ir a la tierra de Judá; dos, Rut y Noemí permanecen en la senda, en el camino, mirando siempre hacia adelante, con el propósito de llegar al final de la meta que era la tierra de Judá. A Orfa le pareció mejor retornar a su pueblo, a su vida antigua y a sus dioses muertos, porque se sentía muy ligada a su tradición religiosa, a sus costumbres paganas y a la relación que tenía con su propio pueblo. Por esto no quiso romper las ataduras que la tenían cautiva a la religión de sus padres y a las costumbres paganas de su época. El Señor dijo: «Ninguno que poniendo su mano en el arado mira hacia atrás, es apto para el reino de Dios» (Lucas 9:62).

La esposa de Lot miró atrás a espaldas de él y se volvió estatua de sal, porque aunque estaba saliendo de Sodoma, Sodoma no había salido de ella. Por esta razón quitó su mira de la meta que Dios le había dado y la puso en lo que había dejado a sus espaldas, atrayendo así su tragedia: quedar convertida en una estatua de sal. Lo mismo le sucedió a Orfa, quitó su mirada de la meta que Rut y Noemí se habían propuesto, miró hacia atrás y decidió regresar a su tierra, a la falsa ilusión de los dioses muertos objeto de su adoración. Tuvo la oportunidad de encontrar la vida, de tener un encuentro con Dios y de escapar de la ruina eterna. Pero, despreciando y rechazando lo que tenía por delante, lo cambió por las cosas que no dan vida, que engendran muerte y, lógico, que no son de Dios.

B. Noemí motiva a sus dos nueras para que regresen a su tierra.

Y Noemí dijo a sus dos nueras: Andad, volveos cada una a la casa de su   madre; Jehová haga con vosotras misericordia, como la habéis hecho con los muertos y conmigo. Os conceda Jehová que halléis descanso, cada una en casa de su marido. Luego las besó, y ellas alzaron su voz. Y lloraron, y le dijeron: Ciertamente nosotras iremos contigo a tu pueblo (Rut 1:8-10, énfasis del autor).

Cuando Noemí motivó a sus nueras a regresar a la casa de sus padres hubo besos, lágrimas y las palabras de sus nueras que decían: Iremos contigo a tu pueblo. Sin embargo, como la actitud de Orfa fluía del alma, de sus emociones y de sus sentimientos, no siguió en el camino con Rut y Noemí. Neciamente prefirió darle la espalda al Dios de Israel y retornar a su vieja vida donde seguiría viviendo en la oscura noche del pecado, donde no había luz ni esperanza que condujera al conocimiento del Dios verdadero.

Las dos lloraron cuando fueron besadas por Noemí y dijeron: «Ciertamente nosotras iremos contigo a tu pueblo». Lo que dijo Orfa no vino de su corazón; vino de sus sentimientos; se originó en su intelecto y en sus emociones. Cuando su suegra la besó y mientras las lágrimas rodaban por sus mejillas, provenientes de su alma muerta, giró media vuelta y le dio la espalda a Dios para continuar viviendo en la oscuridad de su pecado. Orfa era una mujer insegura, incapaz de tomar la decisión correcta, dominada por la religión del alma y los sentimientos religiosos paganos entre los cuales había crecido y vivido. Estuvo en la puerta, pero no entró; comenzó el camino, pero no siguió; porque no quiso desprenderse de las costumbres paganas y de la relación que tenía con su pueblo.

En cambio Rut habla del corazón, de *el amor en el espíritu* por Noemí y el Dios de Noemí. Por ese motivo tomó la determinación de continuar en el camino hacia la meta, es decir, a la tierra y el Dios de Judá, hacia una comunión mas íntima con él. La verdad del Dios de Noemí había penetrado profundamente en el espíritu de Rut y para ella su presencia era una realidad innegable dentro de su ser. Además tenía certidumbre y seguridad en la decisión que estaba tomando, por lo cual permaneció en el camino con Dios y Noemí para siempre.

Rut lloraba mientras Noemí la besaba porque se sentía ligada a su Dios. El testimonio de esta venerable anciana israelita había penetrado profundamente dentro de su ser. *El amor en el espíritu* por el Dios de Noemí ardía dentro de ella. Segura de la decisión que tomaba, comprendía que la puerta por la cual estaba entrando era la que la llevaría a disfrutar de la vida abundante que hay en el verdadero Dios.

C. Por segunda vez Noemí motiva a sus nueras a retornar.

Y Noemí respondió: Volveos, hijas mías; ¿para qué habéis de ir conmigo? ¿Tengo yo más hijos en el vientre, que puedan ser vuestros maridos? Volveos, hijas mías, e idos; porque yo ya soy vieja para tener marido. Y aunque dijese: Esperanza tengo, y esta noche estuviese con marido, y aun diese a luz hijos, ¿habíais vosotras de esperarlos hasta que fuesen grandes? ¿Habíais de quedaros sin casar por amor a ellos? No, hijas mías; que mayor amargura tengo yo que vosotras, pues la mano de Jehová ha salido contra mí. Y ellas alzaron otra vez su voz, y lloraron; *y Orfa besó a su suegra, mas Rut se quedó con ella* (Rut 1:11-14, énfasis del autor).

Ambas lloraron por segunda vez, pero Orfa besó a su suegra y retornó a su tierra, pues no quiso cambiar su manera de pensar. No sucedió lo mismo con Rut. Ella deseaba hacerlo y lo hizo. Se dejó tocar por *el amor en el espíritu* y se quedó con Noemí en el camino de las bendiciones de Dios. El formidable resultado de este acto espiritual fue la incorporación de esta noble mujer en el linaje del Mesías. Incluso en el día de hoy ella es recordada con amor por todo el pueblo de Dios en el mundo.

La historia de los diez leprosos nos muestra que sus cuerpos fueron tocados y sanados por el Señor, quien siempre fluyó con la compasión de *el amor en el espíritu*. Nueve se marcharon limpios de la lepra, pero no del pecado; tocados en lo físico, pero no en el espíritu. Solo uno retornó glorificando a Dios al ser tocado por el Señor y sanado de su lepra. Pero este toque divino fue mucho más profundo en él que en los otros nueve, pues fue también tocado en su espíritu, de donde nació la gratitud y el amor por lo que el Señor había hecho en él, por eso retornó para adorarle y demostrar de esa forma su gratitud. De los diez leprosos solo uno es recordado; los demás fueron olvidados por su ciega insensatez.

Lo mismo sucedió con Orfa. Fue tocada, pero solo en el área emocional, así que llorando y con un beso se despidió de su suegra y se marchó a continuar viviendo en la oscuridad de su paganismo, dándole honor a los dioses de sus antepasados y permaneciendo para siempre en el olvido por su ciega decisión.

II. Se observan en Orfa y Rut

A. Dos decisiones.

La de Orfa y la de Rut. Orfa decide por sí misma, impulsada por las emociones de su alma, pues fue movida por el amor a su tierra, a su pueblo y a sus dioses. Orfa es dirigida por su intelecto, por las emociones de su alma, por lo que sus ojos ven y por lo que su mente piensa. Ella ve las cosas con los ojos del alma y no con los ojos del espíritu. Orfa se deja llevar por los pensamientos que llegan a su mente confusa y llena de tinieblas, por sentimientos errados y por un intelecto que analiza las cosas de manera errónea, tomando la senda equivocada que lleva al valle oscuro de una vida sin luz espiritual, sin Dios y sin seguridad eterna.

Rut, por *el amor en el espíritu*, se decide por el Dios, el pueblo y la tierra de Noemí. Rut tiene visión de las cosas de Dios, fe, esperanza y certeza en su espíritu, así que por la guía del Espíritu decide viajar con Noemí a la tierra de la promesa. Rut se despoja de todo; de su tierra, su pueblo y de sus dioses, para entrar por la puerta de un futuro sublime y de una recompensa inmarcesible.

B. Dos caminos.

El de Orfa y el de Rut. Primero, el de Orfa, que comenzó a caminar pero luego cambió por su antigua manera de vivir y de pensar, motivada por los recuerdos de su pueblo, su tierra y sus dioses. Retornó porque caminaba por la vista y por los recuerdos que le venían a la mente. Hizo una evaluación entre Dios y sus dioses, entre el pueblo de Noemí y su pueblo, y decidió que era mejor retornar a lo que ya conocía. Estuvo en el camino hacia a Dios, pero prefirió el suyo. Orfa se pierde para siempre en el olvido y en el silencio por su retorno errado, trágico y tenebroso. Su historia termina con un beso y con esas lágrimas que eran producto de la emoción de su alma. Tuvo la oportunidad, pero no actuó; vio el camino para su liberación, pero no lo siguió; oyó y vio el testimonio de su suegra y de Rut, pero no creyó; estuvo en el camino al cielo, pero dio media vuelta y tomó el camino de su propia perdición eterna.

Segundo, el de Rut. Ella comenzó a caminar con Noemí y continuó hasta el final, sin preocuparse por lo que quedaba atrás. Motivada por *el amor en el espíritu* que sentía por Dios, Noemí, el pueblo y la tierra de Noemí, siguió en el camino que la llevaba hacia Dios; quería tener el Dios, el pueblo y la tierra de Noemí; quería vivir, morir y ser sepultada con ella. Por eso vemos en Rut un final glorioso; una visión celestial y una fe inconmovible, certeza profunda que la inmortalizó para siempre, por haber seguido el sentir de lo que es *el amor en el espíritu*.

C. Dos destinos.

El de Orfa y el de Rut. Primero, el destino del mundo; de la carne; de lo que no produce nada; de lo que se esfuma como el humo; de lo que pasa cual la sombra que se va y nunca vuelve; de lo que se marchita como la flor de la hierba y de lo que tiene un final de pérdida y tragedia. Eligió con el intelecto y el alma su destino eterno, dejando tras ella una nube oscura de ignorancia ciega y un final equivocado.

Segundo, el de Rut, quien eligió su destino al cielo. El amor que viene del Espíritu escoge lo que produce fruto para Dios, lo que permanece grabado en la historia con letras imborrables para que lo conozcan las generaciones futuras, elige un destino glorioso que nunca termina, de felicidad infinita y tan real que nunca se acaba. Rut eligió por *el amor en el espíritu* su destino eterno, su ingreso al linaje del Mesías, mientras escribía la historia con letras de oro; una historia de fe unida al amor en el espíritu, como evidencia del amor de Dios y de su gracia salvadora.

D. Dos clases de amor.

El de Orfa y el de Rut. Primero, el amor humano, que siempre es frágil e inconstante; el amor del mundo, con sus destellos de engaño y de falacia; el amor del alma, motivado por nuestras emociones erróneas y engañosas; el amor por sí mismo, el amor egoísta que siempre nos causa dolor, sufrimiento y angustia; el amor que divide la familia, la iglesia, el liderazgo de la iglesia, la sociedad y el mundo en que vivimos. Es ese amor a la codicia que como sombra negra y tenebrosa se cierne sobre las naciones del mundo y la sociedad que no tiene corazón, la cual está ciega por el amor al dinero, al placer y a la fama; una sociedad que navega a la deriva en medio de un mar oscuro y tenebroso, dirigida por caudillos que no saben hacia donde van y que desconocen al que dijo: «Yo soy el camino, y la verdad, y la vida; nadie viene al Padre, sino por mí» (Juan 14:6). Orfa elige su destino, mientras con un beso se despide de su suegra y se marcha a seguir viviendo su noche oscura entre su pueblo y con sus dioses. Orfa nos muestra el amor que fluye del alma, de sí misma; el amor que en vez de unir separa y nos liga con lo antiguo, con lo de esta tierra y con lo que no perdura.

Segundo, el de Rut. Es *el amor en el espíritu* que nos eslabona con la realidad del Dios vivo; que nos une a lo que es eterno y a lo que nunca termina; que nos une como una familia, como iglesia y como un cuerpo en la iglesia del Señor. Es el amor que nos da la visión de Dios, de su pueblo y también de sus propósitos eternos. Es el amor desinteresado y que se sacrifica por el que sufre. Eso fue lo que unió a Rut al Dios de Noemí, a su pueblo, a su tierra y a su fe. Este *amor en el espíritu* es lo que obrará para que la iglesia sea *una*, como el Padre y el Hijo son *uno*. ¡Ojalá tenga oídos para escuchar, mente para entender y voluntad para obedecer! Rut no besó a su suegra, pero se quedó con ella para siempre. También, y esto es lo más importante, Dios se quedó.

E. Dos clases de quebrantamiento.

El de Orfa y el de Rut. El primero viene del alma, de la emoción humana, del sentir humano. Es la emoción que no transforma a nadie, que toca el alma pero no el espíritu, que aparece y desaparece, que no tiene raíces y carece de fe real y verdadera. Las lágrimas de Orfa son las lágrimas del alma, de la emoción y de los sentimientos; tocan las emociones de otros, pero no el espíritu del ser humano.

El segundo es el de Rut. Es el quebrantamiento que viene del Espíritu y por esa razón de *el amor en el espíritu*; es la unión matrimonial del espíritu humano con el Espíritu Santo, fluyendo y gimiendo los dos por lo que es de Dios, por el ser humano que vive en su pecado, por la iglesia dividida y despedazada por causa de nuestro egoísmo, de nuestra codicia económica, de nuestras ganancias deshonestas, del deseo de querer ser señores y no siervos del rebaño que Dios ha puesto a nuestro cuidado, al cual muchas veces defraudamos y esparcimos por nuestro testimonio carnal, lleno de contienda.

III. Noemí le habla por tercera vez a Rut

A. La desafía a volverse a su pueblo y a sus dioses.

Y Noemí dijo: He aquí tu cuñada se ha vuelto a su pueblo y a sus dioses; vuélvete tú tras ella (Rut 1:15).

De nuevo Noemí desafía a Rut, diciéndole: «He aquí tu cuñada se ha vuelto a su pueblo y a sus dioses; vuélvete tú tras ella». Pero Rut había sido tocada en su espíritu, no en los sentimientos del alma. Por eso, desde lo más profundo de su corazón le respondió a Noemí.

IV. Rut toma la decisión más grande de su vida

A. Elección de Dios, de Noemí y de su pueblo.

Respondió Rut: No me ruegues que te deje, y me aparte de ti; porque a dondequiera que tú fueres, iré yo, y dondequiera que vivieres, viviré. Tu pueblo será mi pueblo, y tu Dios mi Dios. Donde tú murieres, moriré yo, y allí seré sepultada; así me haga Jehová, y aun me añada, que solo la muerte hará separación entre nosotras dos. Y viendo Noemí que estaba tan resuelta a ir con ella, no dijo más (Rut 1:16-18).

Rut, por *el amor en el espíritu*, se sentía ligada, unida y eslabonada a Noemí. *El amor en el espíritu* las había unido en un mismo sentir y en una misma fe, en una misma visión, en un mismo propósito, colocándolas en el mismo camino que lleva a Dios. Esta es la clase de amor que el liderazgo de la iglesia y la iglesia misma necesitan para que las barreras denominacionales se derrumben, para que la competencia finalice, para que el sectarismo se esfume y para que la visión de los reinos personales desaparezca, a fin de que la iglesia sea *una* y la oración del Señor en Juan 17 sea contestada.

> *Mas no ruego solamente por éstos, sino también por los que han de creer en mí por la palabra de ellos, para que todos* sean uno; *como tú, oh Padre, en mí, y yo en ti, que también ellos* sean uno *en nosotros; para que el mundo* crea *que tú me* enviaste. *La gloria que me diste, yo les he dado [propósito], para que* sean uno, *así como nosotros somos* uno (Juan 17:20-22, énfasis del autor).

Rut, por *el amor en el espíritu* se olvida de sí misma, renuncia a su pueblo y le da la espalda a sus dioses y a su misma tierra. Por *el amor en el espíritu* se siente unida a Noemí, a su Dios y a su pueblo. Su decisión fue un acto de *amor en el espíritu*, pues Noemí no tenía nada que ofrecerle debido a que sus manos estaban vacías. Rut demuestra el amor que fluye del Espíritu, ese amor que en lugar de separarnos nos une con lo real, con lo verdadero, con lo eterno, con lo que nunca termina, con la familia de Dios y con Dios mismo, que *une* a los redimidos en un solo cuerpo, en una sola familia y en un reino de sacerdotes santos.

Ambas comenzaron a caminar para ir a la tierra de Judá; ambas lloraron dos veces; ambas dijeron: iremos contigo a tu pueblo. Sin embargo, Orfa retornó a sus dioses y a su pueblo, mas Rut tomó la decisión de permanecer con Noemí. El testimonio, la fe y el amor de Noemí cautivaron el corazón de Rut y unieron a las dos en torno al mismo Dios, la misma fe y el mismo pueblo. Ahora la una era parte de la otra, porque habían bebido de la misma fuente que viene del Espíritu y de *el amor en el espíritu*.

Rut nos deja una historia sublime de amor verdadero, de desprendimiento total, de negación real, de amor sacrificial, de visión eterna, de fe vivificante y de realidades eternas que unen a los hombres con el Dios viviente; también nos deja un testimonio brillante de los resultados que produce lo que es *el amor en el espíritu*.

El amor en el espíritu en la vida de Ana

I. Los jueces, una época de anarquía

A. Cada uno hacía lo que bien le parecía.

En aquellos días no había rey en Israel, cada uno hacía lo que bien le parecía (Jueces 17:6, énfasis del autor).

En estos días no había rey en Israel; cada uno hacía lo que bien le parecía (Jueces 21:25, énfasis del autor).

La época de los jueces fue un tiempo de anarquía, de oscuridad espiritual, de escasez de la Palabra, de falta de líderes de Dios para orientar y dirigir al pueblo. Además, fue una época en la cual cada uno hacía lo que bien le parecía. La generalidad de los israelitas andaba en su propio camino, siguiendo su propia manera de pensar, dominados por las emociones del alma y los deseos de la carne. Navegando en el mar de su propia indiferencia, en la noche oscura y tenebrosa, porque olvidaron a Dios y a su palabra por la dureza de su corazón entenebrecido por el pecado y por la escasez de líderes espirituales con la visión de Dios y con la compasión que viene de *el amor en el espíritu.*

Es la trágica época en la cual, como ya dijimos, *cada uno hacía lo que bien le parecía.* Los líderes espirituales de la nación se habían corrompido durmiendo con las mujeres que velaban en la puerta del tabernáculo. De esta manera menospreciaban los sacrificios a Dios y blasfemaban su santo nombre, pues no lo conocían. Además, Elí había dejado que sus hijos hicieran lo que ellos querían sin impedirlo.

Fue en esta época de oscuridad espiritual; de olvido de Dios; de decadencia en el liderazgo sacerdotal, que se había vuelto ritualista, religioso, carente de vida, insensible y vacío, al carecer de compasión y de la correcta reacción ante las necesidades del pueblo; de escasez de la Palabra de Dios y de visión, la cual no se daba con frecuencia; que apareció Ana en el cuadro de esa tragedia espiritual en la cual se encontraba el pueblo de Israel. Ana irrumpe en dicho escenario interponiéndose entre Dios y el pueblo, gimiendo por un líder, por un varón, no para ella, sino para dedicarlo a Dios.

II. Ana, la esposa de Elcana, aparece en escena

A. Ana y su aflicción.

> *Y Elcana su marido le dijo: Ana, ¿por qué* lloras? *¿por qué no* comes? *¿y por qué está* afligido *tu corazón? ¿No te soy yo* mejor *que diez hijos?* (1 Samuel 1:8, énfasis del autor).

El peso de la aflicción estaba oprimiendo a Ana para que soltara el aceite de *el amor en el espíritu* que mueve el cielo en favor del reino de Dios y de su pueblo, que produce cambios en cualquier época de tragedia o de falta de líderes de Dios. Por eso esta mujer, con un gemir profundo de agonía intensa y de amor sin egoísmo, se interpuso entre Dios y el pueblo de Israel en intercesión agonizante, pidiendo un hijo varón con el fin de dedicarlo a Dios todos los días de su vida. Ana es una mujer libre de ambiciones personales que por *el amor en el espíritu* desea tener un hijo para dedicarlo al servicio del Señor y del pueblo de Israel. Es una mujer con visión de Dios, con el sentir de Dios, con el amor de Dios; que llora con una carga de compasión por un líder de Dios.

B. Ana y su búsqueda de Dios en oración.

> *Y se levantó Ana después que hubo comido y bebido en Silo; y mientras el sacerdote Elí estaba sentado en una silla junto a un pilar del templo de Jehová, ella con amargura de alma oró a Jehová, y lloró abundantemente. E hizo voto, diciendo: Jehová de los ejércitos, si te dignares mirar a la* aflicción *de tu sierva, y te acordares de mí, y no te olvidares de tu sierva, sino que dieres a tu sierva un hijo varón, yo lo* dedicaré *a Jehová todos los días de su vida, y no pasará navaja sobre su cabeza* (1 Samuel 1:9-11, énfasis del autor).

Ana, en su dolor profundo y en su agonía intensa, comprendió que solo Dios tenía la respuesta. Por eso se fue al templo buscando la presencia de Dios, y con un corazón quebrantado por el peso de la carga que tenía, derramó lágrimas de intercesión junto al pilar del templo pidiendo un hijo varón, no para ella, sino para dedicarlo a Dios todos los días de su vida. Necesitamos que también en esta época, en la cual cada denominación cristiana hace lo que bien le parece sin tener en cuenta la unidad de la iglesia del Señor, haya mujeres como Ana, que giman con la compasión del Espíritu por el pueblo de Dios y la unidad de la iglesia.

C. Ana y su oración en silencio.

Mientras ella oraba largamente delante de Jehová, Elí estaba observando la boca de ella. Pero Ana hablaba en su corazón [espíritu], y solamente se movían su labios, y sus voz no se oía; y Elí la tuvo por ebria (1 Samuel 1:12-13, énfasis del autor).

La oración de Ana fue una oración sin palabras, sin gritos y sin quejas, sin egoísmo y sin codicia, sin duda y sin incredulidad; pues salía de un corazón conectado con el cielo. Era *el amor en el espíritu* fluyendo en oración delante de Dios, era la oración del espíritu humano unido en matrimonio con el Espíritu Santo, un gemir delante del Creador por un líder de Dios que dirigiera a Israel en una época en la cual cada uno hacía lo que bien le parecía.

D. Ana es interpretada mal por el sacerdote Elí.

Entonces le dijo Elí: ¿Hasta cuándo estarás ebria? Digiere tu vino. Y Ana le respondió diciendo: No, señor mío; yo soy una mujer atribulada de espíritu; no he bebido vino ni sidra, sino que he derramado mi alma delante de Jehová. No tengas a tu sierva por una mujer impía; porque por la magnitud de mis congojas y de mi aflicción he hablado hasta ahora (1 Samuel 1:14-16, énfasis del autor).

Ana le explica a Elí que no es una mujer impía, sino atribulada de espíritu; tocada en su espíritu, no en las emociones; tocada por el cielo, no por los hombres; inflamada por el Espíritu, no por la carne. Por eso no se ven en esta clase de oración ni las emociones ni los gritos del alma ni los intereses personales, pero sí el gemido de *El amor en el espíritu*; sin manifestaciones emocionales, pero sí con lágrimas sinceras y honestas originadas en un corazón quebrantado y afligido por la esterilidad que sufría y por la urgente necesidad de un varón de Dios, con amor y visión de Dios y con la carga de oración por la caótica condición de la nación.

Elí tuvo la misma idea de los escépticos religiosos judíos en la fiesta de Pentecostés en el año 30 d.C., los cuales pensaban que los allí reunidos estaban llenos de mosto cuando se produjo el derramamiento del Espíritu Santo sobre los ciento veinte seguidores del Señor Jesús en el Aposento Alto (Hechos 2:13). Pero Ana no estaba ebria, sino llena de *el amor en el espíritu*, cautivada por la presencia del Altísimo y en contacto directo con el trono celestial; eslabonada con el Espíritu del Dios viviente en un gemir de intercesión muy grande, pidiendo un varón que enfrentara la situación de anarquía por la cual pasaba Israel.

E. Ana y la respuesta a su oración silenciosa.

> *Elí respondió y dijo: Ve en paz, y el Dios de Israel te otorgue la petición que le has hecho. Y ella dijo: Halle tu sierva gracia delante de tus ojos. Y se fue la mujer por su camino, y comió, y no estuvo más triste. Y levantándose de mañana, adoraron delante de Jehová, y volvieron y fueron a su casa en Ramá. Y Elcana se llegó a Ana su mujer, y Jehová se acordó de ella. Aconteció que al cumplirse el tiempo, después de haber concebido Ana, dio a luz un hijo, y le puso por nombre Samuel, diciendo: Por cuanto lo pedí a Jehová* (1 Samuel 1:17-20, énfasis del autor).

La oración de Ana la liberó de su tristeza y produjo una respuesta abundante de Dios a su petición libre de egoísmo y envuelta en la llama de *el amor en el espíritu*. La tristeza se fue de Ana, la aflicción terminó, el quebranto desapareció, el gemido terminó y la carga cayó cuando Elí le dijo: «Ve en paz, y el Dios de Israel te otorgue la petición que le has hecho». Ana salió del aquel templo con la paz de Dios, el gozo del Espíritu y la fe que le garantizaba la respuesta a su oración silenciosa. La oración silenciosa y sin emoción de esta mujer de Dios cambió la esterilidad en fecundidad, la situación oscura en esperanza; tocó el cielo y movió a Dios a favor de Ana y del pueblo de Israel. Hoy día la iglesia necesita mujeres como Ana, que golpeen el cielo con clamor y llanto, con gemido e intercesión agonizante, a fin de que Dios obre un avivamiento en su iglesia como nunca se ha visto.

Para Ana, su noche oscura se transformó en un bello y resplandeciente amanecer; su aflicción en descanso celestial; su quebranto en fluir de Dios, y sus lágrimas en ríos de *el amor en el espíritu*.

Ana dio a luz un varón que también mostró *el fluir de el amor en el espíritu*. Se

llamó Samuel. Nació como respuesta a una oración escasa en palabras, pero abundante en el gemir del Espíritu. Una oración silenciosa, pero eficaz, que subió al cielo cual incienso agradable a Dios, y tocándolo, desencadenó la respuesta divina a la aflicción de Ana y a la necesidad del pueblo.

Este *amor en el espíritu* de Ana, producto de su oración silenciosa, trajo como resultado el fin de su esterilidad y el advenimiento de Samuel, quien llegó a ser un fiel profeta de Jehová y un líder de Dios para guiar al pueblo de Israel en aquella época en la cual cada uno hacía lo que bien le parecía.

Esta oración libre de egoísmo humano, de intereses personales y de toda carnalidad, nacida de *el amor en el espíritu*, tocó a Dios, tocó el cielo y abrió el camino para que llegara la respuesta divina pronto, sin demora.

También en esta época de corrupción mundial, violencia, injusticia, codicia insaciable y desenfreno sexual, necesitamos mujeres como Ana, que con *el amor en el espíritu* giman en intercesión por varones de Dios que asuman el liderazgo de las naciones en el mundo y de la misma iglesia.

Para Ana la noche de su aflicción terminó y la mañana de la adoración llegó; el retorno a su casa en Ramá también vino y la esterilidad llegó a su fin, pues concibió de Elcana su marido un hijo para Dios. Eso fue lo que hizo la diferencia en esta vida tocada por *el amor en el espíritu*.

F. Ana cumple su promesa al Señor.

*Después que lo hubo destetado, lo llevó consigo, con tres
becerros, un efa de harina, y una vasija de vino, y lo trajo a
la casa de Jehová en Silo; y el niño era pequeño. Y matando
el becerro, trajeron el niño a Elí. Y ella dijo: ¡Oh, señor mío!
Vive tu alma, señor mío, yo soy aquella mujer que estuve aquí
junto a ti orando a Jehová. Por este niño oraba, y Jehová me
dio lo que le pedí. Yo, pues, lo dedico también a Jehová; todos
los días que viva, será de Jehová. Y adoró allí a Jehová* (1
Samuel 1:24-28).

Ana cumplió su votos hechos a Dios cuando trajo el niño al templo a fin de dejarlo allí para siempre. Después de haber adorado a
Jehová, cantó una oración de alabanza para magnificar, engrande-
cer y glorificar a Dios, mostrando así su gratitud al Señor por
haberla librado de su aflicción y de su esterilidad, consagrándole el
niño varón que le había pedido, el cual dejó en el templo para el servicio de Dios y para que el Señor ejecutara su santa voluntad en él.

G. Ana y el alcance de su petición silenciosa.

*El joven Samuel ministraba a Jehová en presencia de Elí;
y la palabra de Jehová escaseaba en aquellos días; no había
visión con frecuencia* (1 Samuel 3:1. énfasis del autor).

Samuel ministraba a Jehová delante del sacerdote Elí en aquellos
días en que la palabra de Dios escaseaba, en que no había visión con
frecuencia y cuando aquél tierno niño escogido no había conocido
aún a Jehová ni la palabra le había sido revelada. Así es. Había una
gran aridez espiritual pues la Palabra no fluía ni habían varones con
oídos abiertos para escuchar a Dios, hombres que tuvieran un corazón dispuesto para buscarle. Y fue en esta época de frialdad espiritual
que surgió Samuel como fruto abundante y eficaz de la oración agonizante de Ana pidiendo un hijo para Dios. En efecto, Samuel se convirtió en un fiel profeta de Jehová y en un líder por medio del cual
comenzó a fluir la palabra, el poder de Dios y *el amor en el espíritu*.

El amor en el espíritu en las vidas de David y Jonatán

I. David y Jonatán ligados el uno al otro

A. Dos hombres ligados con cuerdas de amor.

Aconteció que cuando él hubo acabado de hablar con Saúl, el alma de Jonatán quedó ligada *con la de David, y lo amó Jonatán como a sí mismo. Y Saúl le tomó aquel día, y no le dejó volver a casa de su padre. Y Jonatán se quitó el manto que llevaba y se lo dio a David, y otras ropas suyas, hasta su espada, su arco y su talabarte* (1 Samuel 18:1,2-4, énfasis del autor).

Jonatán era el hijo del rey Saúl, el primer monarca israelita de quien, en síntesis, podemos decir que fue escogido por el pueblo, pero rechazado por Dios debido a su desobediencia. Este Jonatán se unió en *un pacto de amor en el espíritu* con David, el rey elegido y ungido por Dios. Jonatán oyó lo que David habló con Saúl su padre, lo cual impactó su corazón de tal manera que su alma quedó ligada con la de David por las cuerdas de lo que es *el amor en el espíritu*. Este pacto de amor permaneció todo el tiempo y aun hasta después de morir Jonatán, porque las cuerdas de *el amor en el espíritu* son irrompibles, indestructibles e incorruptibles. Su poder divino unió a David y a Jonatán en un mismo sentir y en una misma visión. Lo mismo pasó con Moisés y Josué; con Elías y Eliseo; con Daniel y los tres jóvenes hebreos; con el Señor y sus discípulos; con el Señor y su iglesia.

Como una prueba genuina de este *amor en el espíritu*, Jonatán se quitó el manto que le acreditaba el derecho a la sucesión en el trono de Israel después del fallecimiento de su padre. Pero no se detuvo allí. Le entregó también, con desprendimiento generoso, algunas ropas, su espada, su arco y su talabarte. Hizo esto por causa de su *amor en el espíritu*. Jonatán se despojó de todas sus prendas y se las entregó a David, el ungido de Jehová, como prueba de su amor, de su sometimiento y de su lealtad al ungido de Dios. En David también se ve el fluir de *el amor en el espíritu* hacia Jonatán, hacia Dios y también hacia Saúl, quien varias veces intentó matarlo durante una persecución sistemática por todo el territorio de Israel, pues lo persiguió con una especie de bloque de búsqueda por los desiertos, montes y cuevas con el fin de quitarle la vida. Sin embargo, !oh grandeza inmarcesible! David siempre le pagó con el perdón y aun lloró cuando el rey murió, pues conocía por experiencia personal y por la práctica lo que es *el amor en el espíritu*.

B. El dolor y la angustia de David por Jonatán y Saúl.

Angustia tengo por ti, hermano mío Jonatán mas maravilloso me fue tu amor que el amor de las mujeres (2 Samuel 1:26).

Jonatán, por *el amor en el espíritu*, comprende la visión de Dios, es decir, los planes y propósitos que Dios tenía con David. Por eso *el espíritu de Dios* les da a ambos un mismo espíritu, una misma mente, un mismo corazón y un mismo sentir en cuanto a la voluntad de Dios para sus vidas, su reino y el reino de David.

Hay un vínculo de amor en estos dos hombres que tiene su raíz en *el amor en el espíritu*, el cual se originó en la unión matrimonial del Espíritu Santo con el espíritu humano de David y Jonatán, fluyendo con ternura el uno por el otro. Es lo humano unido a lo divino, el encuentro de la misericordia con la verdad, el beso de la justicia con la paz y el fruto de estar unidos con Dios, quien es la única fuente de *el amor en el espíritu*.

En *el amor en el espíritu* no hay egoísmo ni ambición, no hay codicia por el poder ni sectarismo religioso, no hay desconfianza; pero sí renuncia, negación, entrega, crucifixión y muerte; todo lo cual es recompensado por una gloriosa resurrección y exaltación efectuada por Dios, no por los hombres.

C. La confianza de David en Dios, no en lo terrenal.

El salmista dice: ¿A quién tengo yo en los cielos sino a ti? Y fuera de ti nada deseo en la tierra (Salmos 73:25).

Este es el cuadro del verdadero *amor en el espíritu* expresado por los labios de David, el dulce cantor de Israel. Es la unión matrimonial del espíritu del rey David con el Espíritu Santo fluyendo con reconocimiento y adoración al Dios del cielo; es el acto de una circuncisión en David en cuanto a las cosas de esta tierra. La mirada de David está ligada con el cielo y aislada de la tierra, unida con Dios y separada del mundo, eslabonada con lo eterno y muerta para lo terrenal.

D. La estabilidad del amor y su precio inalcanzable.

Las muchas aguas no podrán apagar el amor, *ni lo* ahogarán *los ríos. Si diese el hombre todos los bienes de su casa por este amor, de cierto lo menospreciarían* (Cantares 8:7, énfasis del autor).

El amor en el espíritu es un amor inapagable, porque es fuego que no puede ser apagado; es inahogable, porque siempre esta fluyendo de Dios; es incomparable, porque viene de Dios; es incomprable, porque nadie lo puede comprar con dinero, fama o influencias humanas, ya que Dios es quien lo imparte. Es cuando el espíritu humano se *une* en matrimonio con el Espíritu Santo, a fin de fluir con compasión por las personas humanas (véase 1 Corintios 6:16-17).

Esta clase de unión espiritual que se produjo entre Jonatán y David es lo que necesitamos ver en el liderazgo de la iglesia del Señor, para que llegue a ser una como lo es el Padre y el Hijo. Esta clase de unión traerá un fresco y nuevo fluir de *el amor en el espíritu* a la obra de Dios y a su iglesia. Millones serán tocados por el fluir de Dios, por el fuego del Espíritu Santo y por la palabra proclamada con la unción de *el amor en el espíritu.*

Esforcémonos en la gracia del Señor, negándonos, despojándonos y dándonos como lo hicieron David y Jonatán, como lo hizo el Señor por cada uno de nosotros, a fin de que veamos la gloria de Dios fluyendo con poder, gracia y amor en todas partes de esta tierra. Para que fluyamos como el rey David en los Salmos, con adoración, alabanza, gracia y *amor en el espíritu.*

Los caudales del amor de Dios están abiertos para que bebamos de ellos y nos llenemos del fulgor de su presencia, del fluir de *el amor en el espíritu,* a fin de que podamos fluir del espíritu y bendecir al pueblo de Dios y a su iglesia.

Dios lo está esperando, tiene sus manos llenas de todo lo que usted necesita para ser victorioso. Las tiene llenas de torrentes de gracia, poder y de *amor en el espíritu* para que usted lo reciba y lo deje fluir desde su mismo espíritu sobre todos los sedientos espirituales que están buscando y esperando una visitación fresca del Espíritu de Dios.

Vemos en Jonatán y David *el amor en el espíritu*, el desprendimiento de sí mismos, la lealtad incondicional, la visión de Dios y la negación suprema. Vemos en estos dos varones de Dios *el amor en el espíritu*, sin intereses egoístas, sin ambiciones terrenales, sin deseos carnales de gloria humana y sin querer robarle a Dios su gloria.

Vemos en Jonatán y David dos olivas machacadas dando aceite de *amor en el espíritu*. Jonatán durante su corta vida. David durante su reino, en su trato con los hombres y en el libro de los Salmos, donde expresa su alabanza y adoración como quizás ningún otro hombre lo había hecho.

David detalla su misma experiencia en una forma muy hermosa y llena de significado en el Salmo 16:11, diciendo: «Me mostrarás la senda de la vida; en tu presencia hay plenitud de gozo; delicias a tu diestra para siempre». Esto es lo que fluye de la unión del espíritu de David con el Espíritu de Dios. Este es el producto de *el amor en el espíritu* en este rey famoso, al cual se le dio la promesa de un reino eterno, inmarcesible y glorioso, con una historia inconmovible y maravillosa.

David sabe por experiencia dónde se encuentran el verdadero gozo y los interminables deleites de la vida con Dios; es en su presencia y a su diestra donde encontramos el fluir de Dios, *el amor en el espíritu*, el poder para establecer su reino, el amor para fluir con compasión por todos los hombres y la ternura con la cual podremos alcanzar a los perdidos y rescatarlos de su miseria y de su ruina. Anímese a buscar este caudal incontenible de gracia y de poder que Dios quiere derramar sobre su ser como ríos de agua cristalina que lo transforman desde la cabeza hasta los pies, haciendo de su vida un canal incontenible del fluir del *amor en el espíritu* para que proclame al norte y al sur, al oriente y al occidente, el mensaje que él tiene para estos últimos días.

Capítulo 6

El amor en el espíritu en la vida de Nehemías

I. El hombre que en la opulencia no olvida a su pueblo

A. La pregunta hecha por Nehemías.

Palabras de Nehemías hijo de Hacalías. Aconteció en el mes de Quisleu, en el año veinte, estando yo en Susa, capital del reino, que vino Hanani, uno de mis hermanos, con algunos varones de Judá, y les pregunté *por los judíos que habían escapado, que habían quedado de la cautividad, y por Jerusalén* (Nehemías 1:1-2, énfasis del autor).

Los largos años de cautividad, la prosperidad, el lujo, la alta posición que tenía en el reino persa, no pudieron apagar en Nehemías *el amor en el espíritu*; amor que sentía por su pueblo y por Jerusalén. Las costosas alfombras sobre las cuales caminaba, no le llamaron la atención; las vajillas de oro en las cuales comía, no tenían valor alguno para él; el puesto que ocupaba como hombre de confianza y copero del rey, no pudo cautivar su corazón; la gloria y fama del reino, no le sedujeron. Toda la magnificencia de este famoso reino persa no tenía ningún valor eterno, porque Nehemías entendía bien los valores espirituales que habían cautivado su vida por medio del toque divino de lo que es *el amor en el espíritu*.

Lo que motivaba a Nehemías era su profundo amor a Dios, a su pueblo y a su tierra, y no los elevados privilegios que poseía en este rico y próspero reino. Nada ni nadie pudo apagar en él el fuego de *el amor en el espíritu* por la ciudad con los muros destruidos, las puertas quemadas por el fuego y por el remanente que se encontraba en gran mal y afrenta. Por tal motivo es que Nehemías, al visitar a su hermano Hanani y otros de Judá, lo primero que hizo fue preguntar por el pueblo que había quedado, que amaba y que en medio de la prosperidad en la cual vivía no había podido olvidar. Existen los que logran alcanzar lugares de importancia en el ambiente secular del mundo y pronto se olvidan de aquellos que pavimentaron el camino para lograrlo. Existen los que en la iglesia, como líderes, logran fama, poder, influencia y se olvidan de quienes como parias rechazados, navegan por las calles de las grandes urbes del mundo. Existen los que tienen en sus mesas abundancia de manjares exquisitos, mientras muchos olvidados carecen del pan y del vestido. Pero con Nehemías no fue así, porque mientras caminaba en medio de la prosperidad, recordaba, gemía y lloraba con dolor intenso por los que estaban sufriendo afrenta y hambre en su propia tierra.

Nehemías es un líder sin ambiciones personales, sin el deseo de buscar su propia gloria, sin amor al poder, sin deseos mundanos y sin las huellas de la codicia humana. Para nada le importaba la pompa y el lujo en el cual vivía y servía como copero del rey. Su vida estaba ligada por *el amor en el espíritu* a lo eterno, a lo sublime, a lo divino, al Creador y dueño de todo. Además estaba ligada con los que sufren. Tenía su mirada puesta en lo que nunca termina, en el reino de Dios que jamás será conmovido, en aquellos que han sido abandonados por los más fuertes y por los que más tienen. Y esto era lo que mantenía vivo su patriotismo, el amor a su pueblo que sufría las consecuencias de haberse olvidado de Dios.

Nehemías, como un líder de Dios, comprende con claridad que su vida es propiedad del Señor y que está al servicio de él; que está en el reino persa como copero del rey con el propósito de intervenir ante el monarca a favor de su pueblo y de su tierra. Por eso se niega a buscar fama terrenal, poder humano y prebendas terrenales que hoy son y mañana desaparecen.

B. La respuesta que Nehemías recibió.

Y me dijeron: El remanente, *los que quedaron de la cautividad, allí en la provincia, están en gran* mal y afrenta, *y el muro de Jerusalén* derribado, *y sus puertas* quemadas a fuego (Nehemías 1:3, énfasis del autor).

Nehemías, al oír la noticia de la caótica condición de su patria, dibuja en su mente el cuadro de la desolación de su tierra, de su pueblo y de Jerusalén, y también el cuadro del palacio donde se encontraba con toda su pompa y lujo. Y su espíritu fue conmovido, tocado y quebrantado porque *el amor en el espíritu* ardía dentro de él, por Dios, por su pueblo y por su tierra. La fe en el Dios de Abraham tenía inflamado su corazón con la esperanza viva de la restauración de los muros de la ciudad y el fin de la cautividad.

Nehemías, en su alto cargo de copero, no permitió que la gran prosperidad del reino persa pusiese sobre él la sombra del olvido de Dios y de su pueblo, y que la ingratitud ensombreciera el recuerdo de los padres y del pueblo amado. Tampoco olvidó su relación con Dios, su amor por él y por la tierra prometida, la cual habían perdido por causa de la desobediencia y el pecado. Nada ni nadie pudo apagar la fe de Nehemías en el Dios vivo y en sus promesas, las que le ayudaron a mantener viva la esperanza de la restauración de la ciudad y del pueblo que amaba con todo su corazón. En verdad el espíritu de Nehemías estaba unido en matrimonio espiritual con el Espíritu de Dios y por ese motivo *gimió, ayunó e intercedió* con compasión divina por su nación, su pueblo y su tierra, la cuna de sus padres y de él.

C. La actitud que Nehemías asumió al oír a su hermano.

Cuando oí estas palabras me senté y lloré, e hice duelo por algunos días, y ayuné y oré delante del Dios de los cielos (Nehemías 1:4, énfasis del autor).

Nehemías se quebranta al oír la triste y lamentable condición de su pueblo, de la ciudad amada y de los muros de Jerusalén. El impacto de la noticia conmovió las fibras de su alma de tal manera que no le quedaron fuerzas para continuar de pie y tuvo que sentarse y llorar por el dolor profundo que sentía en su espíritu. Esto es lo que se sucede cuando lo humano se une con lo divino, cuando el Espíritu de Dios se une con el espíritu del ser humano.

Nehemías no solo se quebrantó y lloró, derramando lágrimas que surgían por el dolor intenso que sentía por su pueblo. Hizo duelo por algunos días, *ayunó y oró* delante del Dios de los cielos, porque fue tocado por *el amor en el espíritu* que ardía en su ser por su nación. La carga por su pueblo aumentaba cada día, la compasión por los que sufrían las consecuencia de su rebelión en Jerusalén se hacía más intensa, el dolor que conmovía las fibras más íntimas de su corazón era inexpresable, y la imagen de una restauración futura se hacía más clara y nítida en su mente y en su espíritu. Por esa causa acudió a la *oración* perseverante y al *ayuno* persistente, nacidos del *amor en el espíritu* que hervía dentro de su alma por Dios y por su tierra.

D. La oración de Nehemías.

Y dije: Te ruego, *oh Jehová, Dios de los cielos, fuerte, grande y temible, que guarda el pacto y la misericordia a los que le* aman *y guardan sus mandamientos; esté ahora atento tu oído y abiertos tus ojos para oír la oración de tu siervo, que hago ahora delante de ti día y noche, por los hijos de Israel tus siervos; y confieso los pecados de los hijos de Israel que hemos cometido contra ti; sí, yo y la casa de mi padre hemos pecado. En extremo nos hemos corrompido contra ti, y no hemos guardado los mandamientos, estatutos y preceptos que diste a Moisés tu siervo. Acuérdate ahora de la palabra que diste a Moisés tu siervo, diciendo: Si vosotros pecareis, yo os dispersaré por los pueblos; pero si os volviereis a mí, y guardareis mis mandamientos, y los pusiereis por obra, aunque vuestra dispersión fuere hasta el extremo de los cielos, de allí os recogeré, y os traeré al lugar que escogí para hacer habitar allí mi nombre. Ellos, pues, son tus siervos y tu pueblo, los cuales redimiste con tu gran poder, y con tu mano poderosa. Te ruego, oh Jehová, esté ahora atento tu oído a la oración de tu siervo, y a la oración de tus siervos, quienes desean reverenciar tu nombre; concede ahora buen éxito a tu siervo, y dale gracia delante de aquel varón. Porque yo servía de copero al rey* (Nehemías 1:5-11, énfasis del autor).

La oración de Nehemías es una oración que fluye de *el amor en el espíritu* por su nación desintegrada y despedazada por causa de la desobediencia del pueblo. En ella hay *reconocimiento* de la grandeza de Dios, *confesión* del pecado personal y del pueblo, *apelación* a lo que Dios había prometido, *memoria* de que ellos eran el pueblo de Dios que con su poder y mano poderosa había redimido, y *ruego* para que Dios lo escuche y le dé *éxito* y *gracia* delante del rey.

.

Esta oración de Nehemías se origina en la unión matrimonial del espíritu de Nehemías con el Espíritu de Dios, cuando fluye en compasión profunda por la restauración de la ciudad, el culto a Dios y el retorno de la cautividad. Es una oración impregnada de fe real y de *el amor en el espíritu*. Derrumba las montañas de la incredulidad, los obstáculos de lo imposible, está inflamada de una fe viva que recorre lo infinito y penetra hasta el mismo trono de Dios. Es una oración de fe divina que conmueve el cielo, que mueve a Dios y toca al rey para darle a Nehemías todo lo que pidió. *El amor en el espíritu* alcanza lo imposible, toca a los reyes y los gobernantes, abre puertas de bronce y rompe cerrojos de hierro. También derrite y cambia los corazones duros en lágrimas de intercesión y llanto, obrando para que los planes de Dios se cumplan y su nombre sea glorificado.

E. El rey se entera del quebrantamiento de Nehemías.

Sucedió en el mes de Nisán, en el año veinte del rey Arta-jerjes, que estando ya el vino delante de él, tomé el vino y lo serví al rey. Y como yo no había estado antes triste *en su presencia, me dijo el rey: ¿Por qué está* triste *tu rostro? pues no estás enfermo. No es esto sino quebranto de corazón. Entonces temí en gran manera* (Nehemías 2:1-1, énfasis del autor).

Por un buen tiempo Nehemías estuvo quebrantado de corazón por la condición de su pueblo y de la ciudad de Jerusalén. Quien lo estaba conmoviendo era el Espíritu Santo, poniéndole una compasión profunda por el pueblo de Dios. Tanto era su quebranto que el rey se dio cuenta de lo que le estaba pasando y le preguntó, diciendo: «¿Por qué está triste tu rostro? pues no estás enfermo. No es esto sino quebranto de corazón». Nehemías, al escuchar al rey, temió en gran manera porque era contra la ley del reino presentarse ante el monarca en dicha condición de quebranto, castigándose con la sentencia de muerte. Pero a Nehemías no le importaba la vida ni le tenía temor a la muerte, solo quería que la voluntad de Dios se llevara a cabo en su vida y que en el lugar donde se encontraba, se cumplieran los propósitos eternos del Altísimo.

Nehemías, tocado por *el amor del espíritu*, expuso su vida a la muerte. No le importó su propia vida ni las prebendas del palacio ni las alfombras orientales ni la vajilla de oro ni la influencia que poseía, pues lo que le angustiaba era su pueblo y su patria. Por esta razón estuvo dispuesto a perderlo todo y a entregar hasta su propia vida si era necesario para que se produjera un cambio en el cielo, en el rey, en la situación precaria de su pueblo y en él.

En esta época de tragedia universal, lujuria humana, materialismo impío, desenfreno sexual, violencia mundial, tragedia hogareña, soborno vil, codicia inicua, soberbia humana y de otras de las tantas catástrofes que estamos viendo diariamente, se necesitan hombres de Dios que tengan *el amor en el espíritu*, un corazón quebrantado, y un amor sacrificial y de negación personal como el de Nehemías el gran restaurador. Necesitamos líderes de Dios, no caudillos envenenados con la infame codicia del dinero y el amor al poder. Necesitamos líderes con negación propia, sin egoísmo humano y sin deseo de fama y de vanagloria, que vean a Dios, que vean al hombre en su necesidad. Líderes que sean motivados por *el amor en el espíritu* que se ve en el Señor cuando lloró sobre Jerusalén y frente a la tumba de Lázaro; que se ve en Pablo cuando vio la ciudad de Atenas dada a la idolatría; que se ve en Jeremías cuando denunció a los falsos profetas (Jeremías 23:9,10). ¿Qué ve querido lector, de la tragedia humana? ¿Qué siente por la iglesia dividida por nosotros los humanos? ¿Que está buscando como líder del pueblo de Dios, pueblo que no es de su propiedad? ¿Qué es lo que está motivando su ministerio? ¿Qué siente por su patria destrozada por la violencia y el pecado? ¿Cómo mira a quienes son rechazados por una sociedad sin Dios? ¿Se conmueve su corazón cuando ve correr la sangre por las calles y los campos de la patria? ¿Tiene ojos para ver las piltrafas de carne y hueso que duermen sobre los helados pisos de las calles?

F. La respuesta de Nehemías al rey.

Y dije al rey: Para siempre viva el rey. ¿Cómo no estará triste mi rostro, cuando la ciudad, casa de los sepulcros de mis padres, está desierta, y sus puertas consumidas por el fuego? (Nehemías 2:3, énfasis del autor).

Vemos en Nehemías a un hombre sin egoísmo y sin ambiciones personales, que no le importó la posición tan elevada que tenía ni anheló mezquinamente preservar su influencia y su puesto en el reino. Todo lo contrario, Nehemías estuvo dispuesto a despojarse de todo, aun de su propia vida, con el fin de ver los muros de la ciudad restaurados, el culto a Dios restablecido y al pueblo que estaba olvidado restaurado, unido, sirviendo y adorando a Dios. Vemos en Nehemías *el amor sacrificial*, la negación propia, la entrega total, la renuncia a su trabajo como copero del rey y la visión que poseía de los planes de Dios para su nación y para su pueblo.

G. Por su quebrantamiento Nehemías halla gracia ante el rey.

Me dijo el rey: ¿Qué cosa pides? Entonces oré al Dios de los cielos, y dije al rey: Si le place al rey, y tu siervo ha hallado gracia delante de ti, envíame a Judá, a la ciudad de los sepulcros de mis padres, y la reedificaré. Entonces el rey me dijo (y la reina estaba sentada junto a él): ¿Cuánto durará tu viaje, y cuándo volverás? Y agradó al rey enviarme, después que yo le señalé tiempo (Nehemías 2:4-6).

No fueron en vano la oración, el ayuno, el quebrantamiento, la negación y la renuncia de Nehemías, ya que fue recompensado cuando halló gracia y una respuesta del rey, permitiéndole dejar el palacio y su elevado puesto en la corte e ir a reedificar la ciudad. Cuando las cosas son hechas en *el amor en el espíritu*, los resultados son gloriosos, la victoria es segura, quienes están en el olvido son ayudados y el nombre de Dios es glorificado.

El amor en el espíritu en los reyes magos

I. La pregunta que turbó a Herodes y a Jerusalem

Cuando Jesús nació en Belén de Judea en días del rey Herodes vinieron *del oriente a Jerusalén unos magos, diciendo: ¿Dónde está el* rey *de los Judíos, que ha nacido? Porque su estrella hemos visto en el oriente* y venimos a adorarle. Oyendo *esto, el rey Herodes,* se *turbó, y toda Jerusalén con él. Y convocados todos los principales sacerdotes, y los escribas del pueblo, les preguntó dónde había de nacer el Cristo. Ellos le dijeron: En Belén de Judea; porque así está escrito por el profeta: Y tú, Belén, de la tierra de Judá, no eres la más pequeña entre los príncipes de Judá; porque de ti saldrá un* guiador, *que apacentará a mi pueblo Israel. Entonces Herodes, llamando en secreto a los magos, indagó de ellos diligentemente el tiempo de la aparición de la estrella; y enviándolos a Belén, dijo: Id allá y averiguad con diligencia acerca del niño; y cuando le halléis, hacédmelo saber, para que yo también vaya y le adore. Ellos, habiendo oído al rey, se fueron; y he aquí la estrella que habían visto en el oriente iba delante de ellos, hasta que llegando, se detuvo sobre donde estaba el niño. Y al ver la estrella,* se regocijaron *con muy grande gozo. Y al entrar en la casa, vieron al niño con su madre María, y* postrándose *lo* adoraron; y abriendo sus tesoros, le* ofrecieron *presentes: oro, incienso y mirra. Pero siendo* avisados *por revelación en sueños que no volviesen a Herodes, regresaron a su tierra* por otro camino (Mateo 2:1-12, énfasis del autor).

Durante el reinado de Herodes, caudillo tirano, ambicioso, sanguinario y cruel, nace en un humilde pesebre de Belén el Mesías prometido, el Rey del Universo y el Salvador del hombre. Nació en un tiempo de frialdad espiritual, de ritualismo muerto, de religiosidad sin vida y de oscuridad espiritual. Belén de Judea se convierte en el lugar de nacimiento del Mesías Redentor. El verdadero Dios y Creador de la raza humana se hace realidad, teniendo como cuna un poco de paja y como compañía los animales del pesebre. Es una noche en la que lo divino se revela como humano, en la que el cielo se encuentra con la tierra, en la que la luz del mundo resplandece en las tinieblas, en la que el Dios divino se manifiesta como hombre de carne y hueso, en la que la fuente de *el amor en el espíritu* se hace carne por amor al hombre, en la que el Rey del Universo se enfrenta con el reino de las tinieblas, lo conmueve y lo turba. Nace desnudo, pero vestido con la llama de *el amor en el espíritu* y lleno de compasión por el hombre caído en el pecado. Nace siendo rechazado y odiado por los hombres, por el mundo y por las huestes infernales. Nace y hay en la ciudad alarma y en el cielo alabanza, nace y Herodes se turba y los magos lo buscan para adorarlo, nace y comienza un conflicto de guerra entre Dios y Satanás, entre el Espíritu y la carne, entre el Dios-hombre y el hombre humano, entre el cielo y el infierno, el cual finalizó con su muerte en el calvario; donde anulando el acta de los decretos que había contra nosotros, que nos era contraria, quitándola de en medio y clavándola en la cruz, y *despojando* a los principados y a las potestades, los *exhibió* públicamente, *triunfando* sobre ellos en la cruz. Fue allí donde con su muerte, *destruyó* al que tenía el imperio de la muerte, esto es, al diablo, y *libró* a todos los que por el temor a la muerte estaban durante toda su vida sujetos a servidumbre. *Aleluya* (véase Colosenses 2:13-15; Hebreos 2:14-18).

El anuncio de los magos de su nacimiento causó turbación, conmoción y alarma, tanto en el reino impío de Herodes como en la ciudad de Jerusalén. Los principales sacerdotes fueron convocados a una asamblea para que informaran a Herodes sobre el lugar de su nacimiento, y al ser informado aquel tirano del sitio, llamó en secreto a los magos para indagar sobre el tiempo de la aparición de la estrella. Los envió a Belén en busca del niño, fingiendo que él también quería ir para adorarle. Pero los magos, después de adorarlo y de ser tocados por Aquél que es la fuente de *el amor en el espíritu*, fueron avisados por revelación en sueños y retornaron a su tierra, embriagados de gozo, por otro camino. José recibió revelación también en sueños y la orden de un ángel de huir a Egipto con el niño, porque Herodes lo buscaría para matarlo, quedando de esta forma Herodes y las huestes del infierno burlados en sus intenciones diabólicas y malignas contra el Hijo de Dios. Satanás fue derrotado en su primer enfrentamiento de guerra contra el Señor de la gloria. Herodes, al verse burlado por los magos, se enfureció y estalló en ira salvaje de venganza infame, mandando matar a todos los niños menores de dos años en Belén y sus alrededores. Las sombras de la muerte y de la angustia incontenible llegaron a la vida de muchas madres que gemían con dolor incomprensible la muerte de sus amados hijos.

Su nacimiento *conmovió* al cielo y a las huestes celestiales con alabanza; *conmovió* a los pastores cuando fueron rodeados con la gloria de Dios y *conmovió* a los magos con la visión de la estrella.

Pero no solo eso, sino que los motivó a viajar en busca del Rey para adorarlo y ofrendarle. Los magos, motivados por *el amor en el espíritu,* dejaron su tierra y sus quehaceres y viajaron del oriente a la tierra de Israel, en busca del Rey que había nacido. Viajaron con un propósito bien definido; *hallarlo, anunciar su nacimiento, adorarlo y ofrendarle.*

La historia de los reyes magos es una historia navideña, bella, inolvidable, llena de colorido celestial, con un mensaje claro de *el amor en el espíritu* tomando forma humana en la matriz de una virgen tan humana como las demás mujeres, tan necesitada de un Salvador como todos los seres humanos, tan privilegiada como todos los que somos salvos, tan bienaventurada como todos los redimidos somos bienaventurados. La primera navidad deja ver su luz divina, brillando con destellos de salvación y de perdón, en la más sombría noche por la cual el hombre estaba pasando. Su mensaje es impregnado de amor celestial, de la ternura del Espíritu, de compasión divina y de amor sacrificial. Él está envuelto en la llama de *el amor en el espíritu.*

La primera navidad fue la revelación de *el amor en el espíritu* hecho realidad en la persona del Señor Jesucristo, quien tomó forma humana al nacer en el humilde pesebre de Belén. Fue el cumplimiento de la primera promesa de un Mesías y Salvador para la raza humana y el cumplimiento profético del anuncio dado por los diferentes hombres de Dios en épocas anteriores, tanto en la ley de Moisés como en los libros proféticos y en los Salmos. Fue una navidad llena de ternura celestial, de amor divino, de compasión inmerecida por nosotros los humanos, de gracia bienhechora de parte de nuestro Dios y de misericordia sin límites por cada uno de nosotros los humanos.

En la primera navidad los monarcas se alarman, Jerusalén se conmueve con la pregunta de los reyes magos, el cielo se regocija y las huestes celestiales estallan en alabanza por el nacimiento del Rey y Redentor del hombre, y Belén llora con dolor intenso la muerte de sus hijos. Es una navidad llena de esperanza, de colorido y de amor insondable no en la ciudad de Jerusalén, sino en el pesebre que olía a paja y a estiércol de animales. Sin embargo, allá está sobre la paja quien es la luz del mundo y el camino al Padre.

Capítulo 8

El amor en el espíritu en la mujer pecadora

I. Demostrado con su ofrenda, sus lágrimas y sus besos

Uno de los fariseos rogó a Jesús que comiese con él. Y habiendo entrado en casa del fariseo, se sentó a la mesa. Entonces una mujer de la ciudad, que era pecadora, al saber que Jesús estaba a la mesa en casa del fariseo, trajo *un frasco de alabastro con perfume; y estando detrás de él a sus pies, llorando, comenzó a* regar *con lágrimas sus pies, y los* enjugaba *con sus cabellos; y* besaba *sus pies, y los* ungía *con el perfume. Cuando vio esto el fariseo que le había convidado, dijo para sí: Este, si fuera profeta, conocería quién y qué clase de mujer es la que le toca, que es pecadora* (Lucas 7:36-39, énfasis del autor).

El Señor de gloria no rehusó la invitación del fariseo a comer en su casa, aunque la misma no llevaba la chispa de *el amor en el espíritu* ni la marca de un espíritu recto ni la sinceridad honesta de quien lo invitó. Sin embargo, el Señor entró en su casa con el fin de ver cómo podía ser la luz de Dios para este fariseo religioso que necesitaba un verdadero encuentro con la verdad de Dios y un cambio en su vida, su forma de ser y de pensar.

La presencia del Señor en la casa del fariseo fue motivo de atracción para la mujer pecadora, la cual, sin haber sido invitada, vino a él con el frasco de alabastro lleno de perfume, además de su tragedia espiritual y el peso de sus pecados. Al llegar al lugar se conmovió con la presencia del Señor y aunque no tuvo el valor de colocarse al frente de él, tuvo la audacia de acercársele por la espalda llorando debido a su condición pecaminosa, porque sentía vergüenza y se sentía indigna de mirar su rostro.

A la casa de este fariseo que se creía justo delante de Dios llegaron dos visitas: En primer lugar, el Señor y Salvador, quien fue invitado por él. En segundo lugar, la mujer pecadora, que no fue invitada por nadie, que no vino para unirse al grupo durante la comida, sino buscando la misericordia amorosa del Señor y su ayuda, la cual, gracias a Dios, encontró en él. Aunque en la casa del religioso hipócrita ella encontró rechazo, condenación, desprecio y crítica farisaica, afortunadamente en el Señor encontró aceptación, amor, compasión, defensa y un perdón amplio. Entró a la casa con una conciencia llena de culpabilidad. Una vez adentro de inmediato fue objeto del aguijonamiento inmisericorde del fariseo que la acusaba de ser pecadora. Pero salió de allí libre de pecado y transformada por el Señor, pues fue tocada por las palabras llenas de *el amor en el espíritu* que pronunció el Señor de la gloria.

Dos hechos maravillosos sucedieron por causa de la visita de Jesús y de la mujer pecadora a la casa del fariseo: Primero, Jesús entró a la casa del fariseo para manifestarle su amor y compasión a él y a los demás miembros de la familia. Quiso ayudarlo, bendecirlo, librarlo de su justicia propia y de su falta de amor y compasión por los cautivos del pecado. Pero él, aunque abrió las puertas de su casa para recibir la visita del Señor Jesús, no abrió su corazón para recibir luz de Dios y la sanidad interior.

Segundo, la entrada de la mujer pecadora produjo una crítica secreta en el corazón del fariseo, pero la mujer cambió el ambiente de la reunión con el perfume que usó para ungir al Señor, mientras el fariseo continuó con su religión muerta, su crítica secreta, la dureza de su corazón y también con la fragancia del perfume de la mujer pecadora, quien le demostró con hechos innegables lo que es *el amor en el espíritu*, además de dejar un ejemplo práctico acerca de lo que se recibe de Dios cuando uno lo busca y le abre el corazón.

El fariseo permaneció con su legalismo religioso, muerto, esclavizante y carente de la verdad de Dios, sin embargo, la mujer pecadora encontró ternura, amor y perdón en el Señor, además de que fue el canal por medio del cual fluyó la fragancia del *amor en el espíritu*, con el cual bendijo la casa de quien la criticaba en secreto al dar al Señor no solo la ofrenda de su perfume de alabastro, sino también sus lágrimas, sus besos y su propia vida.

El fariseo y los que estaban sentados a la mesa mostraron con sus críticas secretas la dureza de sus corazones, la sequedad espiritual en la cual vivían, la carencia de comprensión sobre lo que Jesús estaba haciendo y enseñando, además de que siguieron viviendo con su injusticia religiosa, sus críticas erróneas y el laberinto infame de su religión sin Dios. En cambio la mujer encontró la libertad del pecado y la paz con Dios. Experimentó la ternura, la compasión, el amor, el perdón de Dios y la demostración de lo que es *el amor en el espíritu* por la forma como la trató el Señor.

La mujer vino a Jesús tal como se encontraba. Con la carga de sus pecados y su necesidad espiritual, pero también con una ofrenda de amor, aun cuando hasta ese momento el Señor no había hecho nada por ella. No había ningún interés en la mujer en cuanto a querer conquistar la simpatía del Señor, pues solo deseaba darle una ofrenda de amor con el frasco de alabastro lleno de perfume, sus lágrimas regando sus pies, y su boca, mientras los besaba y ungía con tan especial ungüento. Se observa en esta mujer la realidad de lo que es *el amor en el espíritu* cuando le da al Señor una ofrenda de amor sincero, la cual tuvo su origen en un corazón quebrantado, además de sus lágrimas y sus besos. El Señor conocía muy bien quién era la mujer que lo estaba tocando, y lo que ella hizo encontró aceptación en él, pues no la rechazó ni la despreció, tampoco la condenó; todo lo contrario, la miró con sus ojos llenos del amor de Dios y con la compasión del Espíritu Santo.

Como el fariseo se sentía mejor que ella, creía que era más justo y que estaba sirviendo a Dios, rechazó al Señor como profeta. No mostró ningún interés en lo que la mujer estaba haciendo. El fariseo miraba a la mujer como una pecadora indigna de estar en su casa. Como consecuencia no mostró ninguna compasión por ella, pues tenía un corazón duro por el legalismo de su religión muerta y carente de gracia. Por eso continuó viviendo en las tinieblas de su estado religioso. Tuvo la oportunidad de encontrar la vida eterna, pero la rechazó; de ser transformado, pero no quiso; de ir al cielo, pero no lo aceptó; prefirió seguir su camino y condenación personal, condenando a otros sin ser consciente de su propia perdición espiritual.

II. Enseñado por el Señor a Simón

Entonces respondiendo Jesús, le dijo: Simón, una cosa tengo que decirte. Y él le dijo: Dí, Maestro. Un acreedor tenía dos deudores: el uno le debía quinientos denarios, y el otro cincuenta; y no teniendo ellos con qué pagar, perdonó a ambos. Dí, pues, ¿cuál de ellos le amará más? Respondiendo Simón, dijo: Pienso que aquél a quien perdonó más. Y él le dijo: Rectamente has juzgado (Lucas 7:40-43).

El Señor, por medio de la parábola del acreedor y sus deudores, le enseñó al fariseo sobre el perdón y el amor; verdades que él conocía, pero no practicaba debido a que tenía una conciencia cauterizada por su tradición muerta y su religiosidad sin Dios. Conciencia que el Señor quiso despertar, aunque en vano, pues le fue imposible romper el cascarón religioso que lo cubría.

III. El Señor le enseña al fariseo sobre lo que él no hacía y la mujer sí

> *Y vuelto a la mujer, dijo a Simón: ¿Ves esta mujer? Entré en tu casa, y no me diste agua para mis pies; mas ésta ha regado mis pies con lágrimas, y los ha enjugado con sus cabellos. No me diste beso; mas ésta, desde que entré, no ha cesado de besar mis pies. No ungiste mi cabeza con aceite; mas ésta ha ungido con perfume mis pies. Por lo cual te digo que sus muchos pecados le son perdonados, porque* amó mucho; *mas aquel a quien se le perdona poco, poco ama. Y a ella le dijo: Tus pecados, te son perdonados* (Lucas 7:44-48, énfasis del autor).

Tal vez la mujer nunca se imaginó que los brazos del Señor se extenderían para aceptarla como era ni que sus labios se abrirían para ofrecerle la palabra de perdón y la esperanza salvadora que necesitaba. Esta mujer nos da una linda lección sobre lo que es *el amor en el espíritu,* demostrado con su acción de ungir los pies del Señor con el perfume y de limpiarlos con sus lágrimas. También el Señor le demostró a ella su perdón y su *amor en el espíritu.*

Aparentemente el fariseo continuó su camino de religiosidad, sin haber aprendido nada de lo que el Señor le habló. Siguió con su cascarón de religiosidad y tradición, viviendo en el laberinto de su mente entenebrecida, con el alma enferma y el corazón muerto.

IV. La murmuración interna y la fe salvadora

Y los que estaban juntamente sentados a la mesa, comen-
zaron a decir entre sí: ¿Quién es éste, que también perdona
los pecados? *Pero él dijo a la mujer: Tu fe te ha salvado, ve*
en paz (Lucas 7:49-50, énfasis del autor).

Aun los que estaban sentados a la mesa no entendieron el perdón que
el Señor le otorgó a la mujer porque tenían sus consciencias cauteriza-
das por la crítica secreta y una teología tan fría como la misma muerte,
vacía y sin poder para tocar a otros. Carecían de revelación y por eso
fluían de su alma muerta, de su intelecto humano y de sí mismos. Esta
clase de fluir no alcanza a tocar el espíritu humano que es el lugar donde
comienza el cambio de una vida, pues: «Lo que es nacido de la carne,
carne es; y lo que es nacido del Espíritu, espíritu es» (Juan 3:6).

La mujer retornó a su hogar con un corazón iluminado por la gracia del Señor, con una vida cambiada por el toque de *el amor en el*
espíritu, con una conciencia inundada por la paz de Dios, con un
canto de adoración y alabanza por haber encontrado al que dijo:
«Yo soy la resurrección y la vida; el que cree en mí, aunque esté
muerto vivirá» (Juan 11:25).

El fariseo quedó con la casa perfumada por la mujer pecadora, quien
comprendió lo que es *el amor en el espíritu*, con sus críticas secretas que
surgían de su autojustificación, con sus dudas sobre Jesús como profeta,
con su religión carente de compasión divina y con su tradición religiosa
en la cual no estaban presentes el amor y la misericordia de Dios.

Vemos cómo la religión cauteriza la mente, encadena a los hombres, destruye la sensibilidad humana, engaña al profesante, con-
duce a la oscuridad de las tinieblas y nos deja en un laberinto de
engaño y de mentira; haciéndonos pensar que estamos bien, cuando
estamos errados; que vamos por el camino al cielo, cuando cami-
namos rumbo al infierno; que tenemos vida, cuando estamos muertos; que conocemos a Dios, cuando lo desconocemos; que le
estamos sirviendo, cuando en realidad servimos al rey de las tinieblas. También vemos en este pasaje cómo aquel religioso siguió
profesando la religión del alma, buena para los sentidos, pero no
para salvar al hombre de sí mismo y de su ruina eterna.

El amor en el espíritu en el buen samaritano

I. El intérprete de la ley

A. El intérprete de la ley y su pregunta.

Y he aquí un intérprete de la ley se levantó y dijo, para probarle: Maestro, ¿haciendo qué cosa heredaré la vida eterna? Él le dijo: ¿Qué está escrito en la ley? ¿Cómo lees? (Lucas 10:25-26).

El intérprete de la ley, carente de revelación divina; conocedor de la letra, pero sin revelación del Espíritu; quien pensaba que tenía vida, pero estaba muerto; le lanzó una pregunta al Señor con el fin de probarlo, mostrando con ella su justicia propia y su jactancia de conocer la ley. Cree ser conocedor de la verdad, piensa que el Señor es un impostor o un falso profeta, por lo que le pregunta sobre cómo heredar la vida eterna; vida que el desconocía y que a pesar de conocer la ley, no tenía.

Era una pregunta insensata hecha por un religioso; nacida en el intelecto del hombre que se cree justo, conocedor de la verdad y bueno en sí mismo. No se da cuenta que quien se encuentra frente a él es la verdad, la vida, el camino al conocimiento del Padre y la revelación salvadora a todos los hombres. No se da cuenta que es el Mesías anunciado por los profetas, pero desconocido por los líderes de la nación. El intérprete de la ley es un hombre que fluye del alma, del intelecto, de lo que tiene en la mente, pero no en el corazón; que era muy religioso, pero carecía de comprensión espiritual, por lo que hizo la pregunta al que lo conoce todo, sin darse cuenta de que era el Mesías prometido.

B. El intérprete de la ley y su respuesta.

Aquél, respondiendo, dijo: Amarás al Señor tu Dios con todo tu corazón [amor en el espíritu], y con toda tu alma, y con todas tus fuerzas, y con toda tu mente; y a tu prójimo como a ti mismo. Y le dijo: Bien has respondido; haz esto, y vivirás (Lucas 10:27-28, énfasis del autor).

El intérprete de la ley conocía la letra de la misma, pero no la practicaba; era lector, oidor y conocedor, pero no hacedor de la palabra. Todo lo tenía en su alma y su intelecto. Con sus labios alababa a Dios, pero su corazón estaba lejos del Señor. Todo venía de él y no de la revelación del Espíritu, por eso el Señor le preguntó diciendo: «¿Qué está escrito en la ley? ¿Cómo lees?» La respuesta a lo que el Señor le preguntó fue buena, conforme a lo que la ley dice pues conocía teóricamente la letra de la palabra, la tenía en el alma, pero no en el espíritu. En su interior se encontraba vacío, por eso no tenía el poder para practicarla. Tampoco venía del *fluir del espíritu* ya que todo lo tenía en su alma, en su intelecto. Era letra muerta que no tenía vida, conocimiento humano sin la iluminación del Espíritu que no da vida, que no toca el espíritu del ser humano y que no tiene poder para transformar.

Por esos motivos el Señor le habló al interprete de la ley dos veces, diciendo primero: «Haz esto, y vivirás» y luego: «Vé, y haz tú lo mismo» (Lucas 10:28,37). Hay dos hechos en estos dos mandatos: el primero muestra que el hombre estaba muerto espiritualmente; el segundo muestra que no estaba practicando lo que sabía de la ley y por consiguiente era un religioso hipócrita y un farsante, un profesante de la religión para los sentidos, sin misericordia, sin compasión, sin ternura y sin *el amor en el espíritu*. Era un religioso de doble ánimo, con apariencia de piedad, que con sus hechos negaba la eficacia de ella. En síntesis, era un oidor, pero no un hacedor. El Señor lanzó una amonestación muy fuerte contra esta clase de maestros cuando dijo: «En la cátedra de Moisés se sientan los escribas y los fariseos. Así que, todo lo que os digan que guardéis, guardadlo y hacedlo; mas no hagáis conforme a sus obras, porque *dicen* y no *hacen*» (Mateo 23:2-3, énfasis del autor).

C. El intérprete de la ley y su segunda pregunta.

Pero él, queriendo justificarse a sí mismo, dijo a Jesús: ¿Y quién es mi prójimo? (Lucas 10:29).

Conocía muy bien la teoría de lo que decía la ley, porque respondió correctamente la pregunta que el Señor le hizo: «Él le dijo: *¿Qué está escrito en la ley? ¿Cómo lees?* Aquél, respondiendo, dijo: Amarás al Señor tu Dios con todo tu corazón, y con toda tu alma, y con todas tus fuerzas, y con toda tu mente; y a tu prójimo como a ti mismo» (Lucas 10:26-27, énfasis del autor).

El intérprete de la ley tenía la religión del alma, pero no la vida del Espíritu; tenía la letra en su intelecto, sin haber tocado su espíritu. Por consiguiente estaba caminando en los caminos de la muerte, de su propia ruina y de su tragedia final. De la misma forma hoy en día *hay* miles de líderes religiosos muy parecidos al intérprete de la ley, que tienen la religión del alma, la cual no ha podido cambiar sus propias vidas ni ha tocado sus espíritus; *hay* otros que tienen la verdad, pero no la practican. Es por eso que se hace muy necesario entrar en la dimensión de *el amor en el espíritu*, a fin de fluir con el Espíritu de Dios y con la enseñanza ungida que es lo que penetra dentro del corazón y dentro del espíritu de la persona, le imparte vida eterna y la traslada del reino de las tinieblas al reino de Dios.

Hay otros que con injusticia también detienen la verdad. «Porque la ira de Dios se revela desde el cielo contra toda impiedad e injusticia de los hombres que *detienen con injusticia la verdad*; porque lo que de Dios se conoce les es manifiesto, pues Dios se lo manifestó. Porque las cosas invisibles de él, su eterno poder y deidad, se hacen claramente visibles desde la creación del mundo, siendo entendidas por medio de las cosas hechas, de modo que no tienen excusa. Pues habiendo conocido a Dios, no le glorificaron como a Dios, ni le dieron gracias, sino que se envanecieron en sus razonamientos, y su necio corazón fue entenebrecido» (Romanos 1:18-21, énfasis del autor). Por ese motivo los hombres se envanecen en sus razonamientos intelectuales y su necio corazón se entenebrece por falta de un toque real de lo que es *el amor en el espíritu*, porque es el Espíritu del Maestro supremo quien nos enseña la verdad de Dios y nos da la gracia para practicar la palabra en nuestro diario vivir.

También *hay* otros, de los cuales Pablo nos amonesta en 2 Timoteo 4:3-4, diciendo: «Porque vendrá tiempo cuando no sufrirán la sana doctrina, sino que teniendo comezón de oír, se amontonarán maestros conforme a sus propias concupiscencias, y apartarán de la verdad el oído y se volverán a las fábulas».

Vemos hoy en día una comezón de oír cosas nuevas que muchas veces las escuchamos, pero no las ponemos en práctica, así nos parecemos a los atenienses que siempre estaban buscando algo nuevo para la comezón de sus oídos: «Y tomándole, le trajeron al Areópago, diciendo: ¿Podremos saber qué es esta *nueva* enseñanza de que hablas? Pues traes a nuestros oídos *cosas extrañas*. Queremos, pues, saber qué quiere decir esto. (Porque todos los atenienses y los extranjeros residentes allí, en ninguna otra cosa se interesaban sino en decir o en oír *algo nuevo*)» (Hechos 17:19-21, énfasis del autor).

Hay aún otros, de los cuales Pedro nos pone al tanto en 2 Pedro 2:1-3, diciendo: «Pero hubo también falsos profetas entre el pueblo, como habrá entre vosotros falsos maestros, que introducirán encubiertamente herejías destructoras, y aun negarán al Señor que los rescató, atrayendo sobre sí mismos destrucción repentina. Y muchos seguirán sus disoluciones, por causa de los cuales el camino de la verdad será blasfemado, y por avaricia harán mercadería de vosotros con palabras fingidas. Sobre los tales ya de largo tiempo la condenación no se tarda, y su perdición no se duerme».

Muchas veces el camino de la verdad es blasfemado por no practicar lo que la Palabra de Dios nos enseña, así que la mejor manera de evitarlo es permitiendo que Dios nos dé un poderoso toque de *el amor en el espíritu*; lo cual es el remedio eficaz contra la avaricia, la mercadería religiosa y las palabras fingidas dichas por los labios contaminados de herejías destructoras que pueden causar destrucción y muerte.

Por último, *hay* los que se mencionan en el libro de Judas, donde dice: «Pero éstos blasfeman de cuantas cosas no conocen; y en las que por naturaleza conocen, se corrompen como animales irracionales. ¡Ay de ellos! porque han seguido el *camino* de Caín, y se lanzaron por *lucro* en el *error* de Balaam, y *perecieron* en la contradicción de Coré. Estos son *manchas* en vuestros ágapes, que comiendo impúdicamente con vosotros se apacientan a sí mismos; *nubes* sin agua, llevadas de acá para allá por los vientos; *árboles* otoñales, sin fruto, dos veces muertos y desarraigados; *fieras* ondas del mar, que espuman su propia vergüenza; *estrellas* errantes, para las cuales está reservada eternamente la oscuridad de las tinieblas» (Judas 10-13, énfasis del autor).

La mejor manera de escaparnos de andar en el camino de Caín, el lucro de Balaam, de caer en la contradicción de Coré, de no ser como nubes sin agua, como árboles sin fruto, como fieras ondas del mar y como estrellas errantes, es buscando una relación de comunión más íntima y más profunda con Dios, con su palabra y con el Espíritu Santo, quien es el que nos imparte *el amor en el espíritu* a fin de que seamos hechos a la imagen de Jesucristo.

II. El Señor le enseña al intérprete de la ley sobre los tres hombres que vieron al moribundo

A. El sacerdote lo vio y pasó de largo.

Respondiendo Jesús, dijo: Un hombre descendía de Jerusalén a Jericó, y cayó en manos de ladrones, los cuales le despojaron; e hiriéndole, se fueron, dejándole medio muerto. Aconteció que descendió un sacerdote *por aquel camino, y viéndole, pasó de largo* (Lucas 10:30-31, énfasis del autor).

Vemos en el sacerdote su falta de compasión, su dureza de corazón, su indiferencia frente al necesitado, su segregacionismo religioso y su justicia propia. Ve con los ojos del alma al hombre moribundo y no siente nada por él. Pasa de largo y lo deja abandonado en su sufrimiento y en su dolor. El sacerdote tiene religión, es verdad, pero tanto ella como él mismo están muertos espiritualmente, su religión tiene forma, pero no vida, tiene ritos y ceremonias, pero desconoce lo que es la misericordia. Él tiene ojos, pero no puede ver; tiene corazón, pero no siente compasión; es un líder religioso, pero tiene corazón de piedra; cree que anda en la luz, pero camina en tinieblas; piensa que tiene visión, pero está ciego; cree que lo sabe todo, pero no sabe nada; porque desconoce lo que es *el amor en el espíritu*, la misericordia y el amor al prójimo.

De la misma forma hoy en día los numerosos sistemas religiosos tienen ritos y ceremonias que no pueden tocar el espíritu de la persona, pueden solo tocar sus emociones, sus sentimientos y sus facultades, pero no pueden llegar al corazón de la persona. Por ese motivo no hay cambio en la vida de los hombres, pues solamente es el Espíritu Santo quien puede tocar, dar vida y transformar lo malo en bueno y la muerte en resurrección. «El espíritu es el que da vida;

la carne para nada aprovecha; las palabras que yo os he hablado son espíritu y son vida» (Juan 6:63). La carne siempre será carne y producirá los hechos de la carne. La carne puede ser muy religiosa, muy fanática y muy legalista, pero no puede darnos vida, sino muerte. «Así que, hermanos, deudores somos, no a la carne, para que vivamos conforme a la carne; porque si vivís conforme a la carne *moriréis*; mas si por el Espíritu hacéis morir las obras de la carne, *viviréis*» (Romanos 8:12-13, énfasis del autor).

Esa es la razón por la cual el sacerdote profesa una religión impotente e insuficiente para motivarlo a favor del necesitado, impartiéndole compasión y *amor en el espíritu*. Lo que demuestra este sacerdote es su resentimiento segregacionista, religioso y sectario hacia los que no son de su grupo, de su religión, de su iglesia, de su congregación o de su organización.

B. El levita lo vio y también pasó de largo.

Asimismo un levita, *llegando cerca de aquel lugar,* y viéndole, *pasó de largo* (Lucas 10:32, énfasis del autor).

El levita es otro líder religioso, poseedor de una religión muerta y sin vida; que enceguece y endurece el corazón; que no manifiesta ninguna ternura ni compasión humana; que no muestra ningún interés por los que han sido despojados, heridos y abandonados a un lado del camino; que tiene ojos, pero no ve; que tiene sentimientos, pero están muertos; que sabe hacer lo bueno, pero no lo hace; por eso ve al herido y pasa de largo y lo abandona; porque carece de lo que es *el amor en el espíritu*. Es un líder religioso que tiene la misma formación del sacerdote, es del mismo molde y tiene la misma actitud del sacerdote; es otro profesante de una religión buena para los sentimientos y para los sentidos del alma, pero que no puede fluir con el amor de Dios y desconoce la compasión por el que sufre. Por ello el levita también lo vio y pasó de largo, siguió indiferente su viaje sin que su conciencia sintiera algo por el que agonizaba al un lado del camino, porque carecía de *el amor en el espíritu*.

C. El buen samaritano lo vio y fue movido a misericordia.

Pero un samaritano, *que iba de camino, vino cerca de él,* y viéndole *fue movido a* misericordia; *y acercándose,* vendó *sus*

heridas, echándoles aceite y vino; y poniéndole *en su cabalgadura, lo* llevó *al mesón, y* cuidó *de él. Otro día al partir,*
sacó *dos denarios, y los* dio *al mesonero, y le dijo: Cuídamele;
y todo lo que gastes de más, yo te lo pagaré cuando regrese*
(Lucas 10:33- 35, énfasis del autor).

El buen samaritano no solo tiene ojos para ver al herido; también
voluntad y corazón para servir, tiene compasión y *el amor en el
espíritu.* Es este amor el que lo motiva a fluir con misericordia y con
diligencia por el hombre despojado, herido y moribundo que estaba
abandonado a la orilla del camino. Movido por *el amor en el espíritu* se acerca y venda sus heridas con aceite y vino, lo toma y lo
lleva al mesón, y paga al mesonero por cuidarlo hasta su regreso.

El buen samaritano saltó por encima de los muros del sectarismo
religioso, derrumbó las barreras de separación, anuló los prejuicios
raciales, culturales y religiosos, cumplió la ley del amor: amarás a
tu prójimos como a ti mismo, mostró *el amor en el espíritu*, prac-
ticó la compasión del Señor Jesucristo y puso en práctica la misericordia y la bondad. Tuvo tiempo para estirar su mano, para levantar
al que había sido asaltado, herido y abandonado. Este samaritano
sabía quien era su prójimo, cumpliendo con su acción lo que la ley
decía, sin que el Señor tuviera que decirle: «Vé, y haz tú lo mismo»,
como le dijo al intérprete de la ley. Es hacedor de lo que el Señor
dice que hagamos y no solo un oidor. Nosotros debemos imitarlo
para que *el amor en el espíritu* fluya por medio nuestro.

«¿Quién, pues, de estos tres te parece que fue el prójimo del que
cayó en manos de ladrones? El dijo: El que usó de misericordia con
él. Entonces Jesús le dijo: Vé, y haz tú lo mismo» (Lucas 10:36-37).

El intérprete de la ley sabía lo que es la misericordia, pero no la
estaba practicando, por eso recibió dos veces el mandato del Señor
cuando dio las respuesta acertadas: «Haz esto, y vivirás» y «Vé, y
haz tú lo mismo».

El sistema religioso hebreo tenía el mismo problema del intérprete de la ley y de muchos líderes de la iglesia de hoy en día, que
saben decir las cosas conforme a la Palabra sin practicarlas, solo son
lectores y oidores, quizás como muchos de nosotros en la iglesia,
que conocemos la verdad de la letra, pero no somos *hacedores*.
«Entonces habló Jesús a la gente y a sus discípulos, diciendo: En la
cátedra de Moisés se sientan los escribas y fariseos. Así que, todo

lo que os digan que guardéis, *guardadlo y hacedlo*; mas no hagáis conforme a sus obras, *porque dicen , y no hacen.* Porque atan cargas pesadas y difíciles de llevar, y las ponen sobre los hombros de los hombres; pero ellos *ni con un dedo* quieren moverlas» (Mateo 23:1-4, énfasis del autor).

El Señor Jesús primero hacía las cosas y después las enseñaba; primero vivía y después proclamaba; primero oraba y después enseñaba sobre la oración; primero buscaba de Dios y después impartía lo recibido de él. Que el Señor nos libre de ser solamente teóricos de la verdad de Dios *y no hacedores*, para que se manifieste en el liderazgo y en la iglesia del Señor el poderoso fluir de *el amor en el espíritu*, con misericordia y compasión nacida en el corazón de Dios. Seamos buenos samaritanos haciendo lo que Dios nos manda en su palabra, buscando la oveja extraviada y recogiendo la que está herida y moribunda a la orilla del camino.

Capítulo 10

El amor en el espíritu
en María la hermana de Lázaro

I. Seis días antes de la pascua

A. El Señor visita la casa de Lázaro y sus hermanas.

Seis días antes de la pascua, vino Jesús a Betania, donde estaba Lázaro, el que había estado muerto, y a quien había resucitado de los muertos. Y le hicieron allí una cena; Marta servía, y Lázaro era uno de los que estaban sentados a la mesa con él (Juan 12:1-2).

Seis días antes de la pascua, de ofrendar su vida en el Calvario, de efectuarse el sacrificio del Cordero perfecto y de la provisión de la redención del hombre, el Señor hizo su última visita a la casa de María, Marta y Lázaro, pues había establecido una relación de *amor en el espíritu* muy profunda con esta familia. Marta, como siempre, estaba muy ocupada sirviendo, cocinando y atendiendo la casa. Por su parte Lázaro estaba sentado a la mesa con el Señor. María, inflamada por el fuego de *el amor en el espíritu*, no se preocupaba por la cocina ni por los quehaceres de la casa, ya que todo su ser estaba cautivado por la presencia personal del Amado en su casa. La prioridad es el Señor, por eso toma en sus delicadas manos de mujer de Dios el perfume de nardo de gran precio, con el fin de ungir al Señor antes de su muerte en el cruento Calvario. Es una ofrenda sacrificial impregnada con el néctar cristalino de *el amor en el espíritu*. María no piensa en sí misma, no se afana por la casa ni aun por sus hermanos ni por otras cosas secundarias, que quizás son de importancia para otros, pero no para ella, debido a que todo su ser está cautivado por el Amado de su alma, al cual quiere entregar lo mejor de lo mejor y también su propio ser.

B. El Señor es ungido y adorado por María.

Entonces María tomó *una libra de perfume de nardo puro, de mucho precio, y* ungió *los pies de Jesús, y los* enjugó *con sus cabellos; y la casa se llenó del olor del perfume* (Juan 12:3, énfasis del autor).

María halla una libra de perfume de nardo de mucho precio, y con un corazón lleno de amor, sin egoísmo, lo toma en sus manos de inocencia santa y comienza a ungir los pies de Jesús y a enjugarlos con sus cabellos en un acto de lo que es *el amor en el espíritu*, llenando la casa de dicha fragancia. María se acercó al Señor, no con las manos vacías, sino llenas con una libra de perfume de nardo de mucho precio, y con esas mismas manos tomó su larga cabellera y comenzó a enjugar los pies de su amado, el Señor Jesús. Era quizás su última expresión del gran amor que tenía por él antes de ofrendar su vida en el Calvario por todos los hombres. Esta obra de amor no solamente fue derramada sobre el Señor, sino que también perfumó la casa y a todos los que allí estaban reunidos, subiendo al cielo como un sacrificio de olor suave al Creador de todas las cosas. Y este hecho de *amor en el espíritu* inmortalizó el testimonio de María y nos dejó un caudal de esperanza a todos los seguidores de Jesús para que lo busquemos con perseverancia hasta hallarlo.

La acción de María al derramar el perfume de nardo sobre los pies del Señor Jesús es un ejemplo bien claro de lo que es *el amor en el espíritu*, demostrado en el acto sacrificial de María, quien no solo ungió los pies del Señor, sino que los enjugó con sus cabellos. Como resultado de esta obra, la casa se llenó del olor del perfume; y María nos dejó una historia inolvidable de *amor en el espíritu* digna de ser buscada y hallada por nosotros, así como ella la encontró a los pies del Señor Jesucristo.

Si la iglesia de los Colosenses poseía *el amor en el espíritu*, usted y yo también lo podemos hallar y recibir siguiendo las leyes del reino del Señor de gloria, quien es el que lo derrama en nosotros por medio del Espíritu Santo que se nos dio (Romanos 5:5).

María es una mujer que sabía sentarse a los pies del Señor para contemplarle, oírle, adorarle, tocarle, para ofrendarle con amor y para enjugar sus pies con sus cabellos. No busca recompensa alguna, no pide nada, pues no hay en ella intereses personales. Simplemente derrama su *amor en el espíritu* sobre los pies del Señor. Es una mujer transparente de espíritu, libre del egoísmo humano y de la ambición carnal, que comprende lo que el Señor merece y lo que le agrada a Dios. Nuestro ministerio sería diferente, nuestros mensajes tocarían a la gente y unirían a la iglesia, inflamarían al pueblo, tocarían naciones y establecerían el reino de Dios entre los hombres, si siguiésemos los pasos de María sentándonos a los pies del Señor.

C. El Señor sale en defensa de María.

Y dijo uno de sus discípulos, Judas Iscariote hijo de Simón, el que le había de entregar: ¿Por qué no fue este perfume vendido por trescientos denarios, y dado a los pobres? Pero dijo esto, no porque se cuidara de los pobres, sino porque era ladrón, y teniendo la bolsa, sustraía de lo que se echaba en ella (Juan 12:4-6).

Judas, dominado por su alma pecadora, por la codicia del dinero, el cual era su dios, censuró a María por ungir al Señor con el perfume de nardo puro de mucho precio. Lo hizo, «no porque se cuidara de los pobres, sino porque era ladrón, y teniendo la bolsa, sustraía de lo que se echaba en ella». Solo quería más dinero en la bolsa para poder robar más. La codicia es ciega y mata la vida del espíritu; es cruel, pues no tiene compasión por nadie; es del mundo, pues el mundo busca lo suyo (Juan 15:19); es de la carne, pues busca su propia gloria; es del diablo, pues este, como padre de la mentira, odia todo lo que es bueno.

Judas caminó por más de tres años con el Señor, quien es el ejemplo supremo de *el amor en el espíritu*; vio sus milagros, escuchó su enseñanza ungida y con autoridad y contempló su ejemplo de vida. Sin embargo, ninguna de las enseñanzas del Señor Jesús pudo hacer impacto en su vida ni penetrar las densas tinieblas que envolvían su mente y su corazón. Tan oscura era su noche, tan fuerte el dominio de su codicia y tan entenebrecida su mente, dominada por los sentimientos del alma, que fue capaz de traicionar al Señor y venderlo por treinta miserables monedas de plata. Tan vil fue su obra, tan infame su acción, que nadie lo quiere recordar ni llevar su nombre. Como vivió para la carne y para satisfacer los deseos de su alma, murió abandonado por Dios y por los hombres cuando en el más intenso grado de desesperación se procuró la muerte por medio de la soga tétrica.

D. El Señor aprueba la obra de María.

Entonces Jesús dijo: Déjala; para el día de mi sepultura ha guardo esto. Porque a los pobres siempre los tendréis con vosotros, mas a mí no siempre me tendréis (Juan 12:7-8).

Este acto de *amor en el espíritu* de María la inmortalizó en sus acciones y en sus hechos, en su testimonio y en su ofrenda de *amor en el espíritu*. Esta clase de amor es lo que necesitamos como líderes y siervos que somos de la obra de Dios para que la iglesia sea *una* y la oración del Señor por la unidad en Juan 17 tenga su respuesta. Este es el sentir de Dios, la visión que él tiene y quiere ver realizada y cumplida en su iglesia por medio de todos los que en su gracia hemos sido llamados para servirle y apacentar su grey, la cual el compró con su preciosa sangre.

Necesitamos un baño en su sangre preciosa y sin pecado, un baño en el perfume de *el amor en el espíritu* para ser limpios de nuestro egoísmo carnal, de nuestra falta de visión, de los impedimentos que estorban lo que Dios quiere hacer. Necesitamos ser libres de nuestro sectarismo y de nuestra competencia de grupo, a fin de que la iglesia sea *una* como el Padre y el Hijo son uno.

E. Mi llanto debajo de la ceiba en la plaza de Garagoa, Boyacá.

El domingo 5 de julio de 1942 fue uno de esos días de dorada aurora que dejan en el alma y en el espíritu humano recuerdos imborrables, que solo se hallan en el insondable océano del glorioso bautismo del Espíritu Santo. Fue un día en el cual Dios me permitió beber del dulce y cristalino río de su Santo Espíritu. Fue un día de unción con su aceite santo derramado sobre mí como un torrente del néctar de su amor divino y de *el amor en el espíritu,* que en esa época no comprendía ni comprendo del todo aun ahora a los cincuenta y seis años de vida ministerial, pero del cual en Salinas, California, el Señor comenzó a darme una pequeña luz, abriéndome una pequeña ventanilla por la cual pude ver el comienzo del extenso e insondable mar de lo que es *el amor en el espíritu*. Esa es la razón por la que publico este libro, a fin de poder sembrar en la iglesia de mi Señor una gota de agua de ese océano inescrutable de *el amor en el espíritu*.

F. Mi conmovible carga de compasión divina.

Al amanecer de ese día domingo sentía caer sobre mis hombros la carga de una sociedad sin Dios, una sociedad agobiada por el peso de su maldad corrupta, y el gemir profundo de seres que, perdidos en la selva humana de una sociedad que ríe pero llora por dentro, se deslizan por el mundo con el alma herida y el corazón muerto. Dentro de mi ser ardía un deseo intenso de querer estar a solas con Dios en algún lugar donde no se oyeran los ruidos infernales de una sociedad sin ruta y sin destino seguro. Cual María, quería sentarme a los pies del Señor para oírle, contemplarlo y ofrecerle mi amor y mi adoración; era algo que envolvía mi alma y la desgarraba en profundo llanto. Con esa carga de dolor humano, de pesar interno y de compasión divina, unas horas antes del mediodía dejé la misión y me fui al mercado para meterme entre aquella selva humana con el corazón cargado de compasión por el ser humano, y allí, debajo de aquella ceiba inmensa que con su follaje cubría y cubre una buena parte de la plaza, que hoy es un hermoso parque, miraba los rostros de aquella gente campesina de corazón tierno y menta sana, que por calzado llevaban alpargatas de fique amarradas con cordones negros. Las mujeres llevaban blusas blancas, pañolones negros y sombreros blancos, y exhalaban el olor del campo.

Al mirar sus caras con amor y llanto, al igual que Pablo en Atenas, mi corazón rebosaba con *el amor en el espíritu*. En esa época no lo conocía, pero lo estaba experimentando. Ahora apenas estoy comenzando a comprenderlo. En esas caras nobles y campesinas, con sinceridad humana y fluir del campo, podía ver la agonía interna de sus almas nobles y la carencia de la paz del Señor, mientras navegaban en el mar de la existencia sin conocer a Dios y sin saber del cielo.

En este amor y compasión tan grande, quise estrecharlos entre mis brazos para sentir en mi pecho el calor humano de aquella gente buena con olor de campo, incluso quería como meterlos dentro de mi corazón quebrantado para que sintieran lo que yo sentía y tuvieran lo que yo tenía, mientras lágrimas cristalinas de *el amor en el espíritu* rodaban por mis mejillas y los miraba con la ternura del

Espíritu. Quise lanzar un grito de clamor al cielo, pidiendo consuelo para aquella gente engañada y muchas veces olvidada por el ser humano. Y al pensar en la ignorancia ciega de aquellos seres de religión sin vida, me quedé callado, sin poder desahogar mi corazón del dolor que vibraba en mi interior tocando las fibras más íntimas de mi ser, mientras lloraba con Dios en gemir profundo por aquella gente que ignoraba su destino eterno.

Mi espíritu, hundido en el lago de *el amor en el espíritu*, siguió gimiendo con amor y compasión, mientras retornaba a la misión llorando por aquella gente a quien deseaba estrechar contra mi pecho con el amor del cielo. Al regresar a la misión me invitaron a sentarme a la mesa para comer. Sin tener hambre, sin hablar con nadie, traté de pasar los alimentos, pero no pude, mi garganta se hacía nudos por aquella gente del mercado, cuya imagen de dolor se había impregnado en mi propio ser. Quería gritar, quería llorar, quería derramar mi alma en gemido y llanto por el dolor del hombre que navega sin Dios sobre la tempestad del mundo.

Al terminar el almuerzo me tocó lavar la loza, mientras lo hacía, alababa a Dios en silencio mudo. Las lágrimas rodaban por mis mejillas y se mezclaban con el agua del lavaplatos. Lavaba los platos y seguía gimiendo en mi interior, en silencio mudo y sin mover mis labios, por aquella gente que en la plaza había visto y no podía olvidar. Al terminar mi oficio, sin dejar ver mi rostro de los demás jóvenes que estaban arreglando la cocina, con la cabeza agachada, salí de allí y me encerré con llave en una de las aulas de la misión, me postré de rodillas y continué alabando al Rey de la gloria. De un momento a otro algo sublime cayó sobre mí, comencé a hablar una lengua que no entendía y salí de allí sintiendo un amor muy grande por mis hermanos. Todo esto fue un débil toque de lo que es *el amor en el espíritu*, algo que no comprendía aunque lo estaba experimentando. Pero ahora Dios me ha abierto una ventanilla para ver algo de este amor sublime que viene de Dios. Por eso quiero dejarlo escrito para que lo examinen y lo comparen con las Escrituras y entonces lo busquemos de Dios con humildad y sencillez de corazón.

¡Que hermoso es sentir lo que es *el amor en el espíritu* poniendo en nuestro ser el sentir de Dios por aquellos que navegan sobre el mar del mundo con el alma herida y el corazón helado, con la vista ciega y la mente muerta, sin el sentir del cielo y sin conocer a Dios!

Cuántas veces yo mismo he predicado con el alma helada y sin sentir la necesidad de otros; con las palabras huecas de mi intelecto humano, sin *el amor en el espíritu*; con la elocuencia humana, sin la unción de Dios; con el conocimiento humano, sin recibir del cielo; con los labios muertos, sin compasión divina; con soberbia humana, sin la humildad del cielo; con falacia, sin la oración ferviente; con hipocresía del diablo, sin visión de Dios; con rencor amargo, sin el perdón interno.

El amor en el espíritu es lo que cambia el desierto en campo labrado, la tierra árida en jardines de esplendor, la impotencia humana en el poder de Dios, la dureza del corazón en ternura celestial, la ceguera espiritual en visión de Dios, la amargura del hombre en la dulzura del Espíritu la codicia humana en dádivas de amor, las obras de la carne en los hechos del *Espíritu* y el amor del mundo en el amor a Dios. Búsquelo porque es real, es divino y es de Dios, y si la iglesia de los Colosenses lo tuvo, nosotros también lo podemos tener.

El amor en el espíritu y el Señor Jesucristo

I. Ejemplos de amor en el espíritu

A. Al ver la ciudad lloró por ella

Y cuando llegó cerca de la ciudad, al verla, *lloró sobre ella, diciendo: ¡Oh, si también* tú conocieses, *a lo menos en este tu día, lo que es para tu paz!* Mas ahora está encubierto de tus ojos. *Porque vendrán días sobre ti, cuando tus enemigos te rodearán con vallado, y te sitiarán, y por todas partes te estrecharán, y te derribarán a tierra, y a tus hijos dentro de ti, y no dejarán en ti piedra sobre piedra, por cuanto* no conociste *el tiempo de tu visitación* (Lucas 19:41-44, énfasis del autor).

El Señor, por revelación del Espíritu, vio la destrucción que vendría sobre la ciudad, catástrofe que todos desconocían por estar encubierta a sus ojos. Su corazón se llenó de compasión y comenzó a derramar lágrimas de dolor y de pesar por la tragedia que vendría a causa del pecado y de la indiferencia de la gente. Su corazón quebrantado se deshizo en lágrimas emanadas de lo más profundo de su corazón, pleno de *amor en el espíritu*. Con este amor que provenía del corazón de Dios, el Señor Jesús amó al pueblo que desconocía el duro futuro por causa de su incredulidad, el cual reaccionó con el rechazo. El Señor vio como en una película la ciudad rodeada y cercada por sus enemigos. Tan grande sería la tragedia que sus muros serían derribados hasta el cimiento, no quedando piedra sobre piedra, pues desconocía el tiempo de su visitación.

El Señor demostró su *amor en el espíritu* por el pueblo con sus milagros, sus hechos, su vida, su compasión por los necesitados y esclavos del diablo. Sin embargo, el pueblo y sus líderes religiosos, que se creían poseedores de la verdad de Dios, rechazaron la luz que había venido al mundo. Juan nos habla de dicho rechazo diciendo lo siguiente: «En el mundo estaba, y el mundo por él fue hecho; pero el mundo no le conoció. A lo suyo vino, y los suyos no le recibieron» (Juan 1:10-11).

El amor a las tinieblas no es otra cosa que olvidarse de Dios y carecer de comprensión espiritual y de revelación divina. Cuando las amamos más que a la luz todo se torna oscuro, tenebroso y trágico, pues no nos damos cuenta de las consecuencias futuras que esto puede traernos. Las causas de dicha carencia son la dureza de corazón y el entenebrecimiento mental. Ellas a su vez son fruto del pecado, del amor al mundo y de la opresión satánica. Esa fue la razón por la cual el Señor se conmovió profundamente al ver la ciudad, y debido a la gran compasión que sentía, venida de *el amor en el espíritu*, lloró sobre ella al ver en su Espíritu las nubes negras de destrucción y muerte que se avecinaban.

B. Al verlos llorar se estremeció y se conmovió.

María, cuando llegó a donde estaba Jesús, al verle, se postró a sus pies, diciéndole: Señor, si hubieses estado aquí, no habría muerto mi hermano. Jesús entonces, al verla llorando, y a los judíos que la acompañaban, también llorando, se estremeció en espíritu y se conmovió y dijo: ¿Dónde le pusisteis? Le dijeron: Señor, ven y ve. Jesús lloró. Dijeron entonces los judíos: Mirad cómo le amaba. Y algunos de ellos dijeron: ¿No podía éste, que abrió los ojos al ciego, haber hecho también que Lázaro no muriera? (Juan 11:32-37, énfasis del autor).

El Señor, al ver a María y a los judíos llorando la muerte de Lázaro, fue tocado en su espíritu y se conmovió profundamente. Fue movido a compasión por *el amor en el espíritu* y sin poder contenerse, empezó a llorar con los demás la muerte de su amigo. De esa manera se identificó con los que sufrían el dolor que la muerte trae a la familia como una de las trágicas consecuencias de la caída de nuestros padres en el huerto del Edén.

C. El apóstol Pablo en la ciudad de Atenas.

Mientras Pablo los esperaba en Atenas, su espíritu se enardecía viendo *la ciudad entregada a la idolatría* (Hechos 17:16, énfasis del autor).

D. Mi llanto cuando regresaba de Medellín a Santa Fe de Bogotá.

En julio de 1950 se realizó en la ciudad de Medellín la convención de «La Vida Victoriosa», en el Seminario Bíblico de Robledo de la Misión Interamericana. Fue un tiempo de gloria, quizás nunca visto en la obra de Dios en Colombia. Todos fuimos muy impactados, muy cambiados por la Palabra de Dios y por el poder del Espíritu Santo, que fluyó como fuentes cristalinas impregnadas de *el amor en el espíritu* de los labios de Alfredo Colom, conferencista de la convención y del misionero Guillermo Gillam, director de la misión. Fue un hecho soberano de Dios y una obra directa de su Espíritu. Creo que esta visitación de Dios fue el comienzo de un despertar para Colombia, *un* derramamiento de *el amor en el espíritu*, truncado por mi desobediencia al viajar a los Estados Unidos para la convención de la misión sin ser el tiempo de Dios para hacerlo. Quizás esto se debió a los temores, a los hechos del Espíritu de Dios que muchas veces desconocemos debido a nuestra fuerte formación religiosa, la cual no queremos cambiar, como le sucedió al pueblo de Israel con el ministerio y las enseñanzas del Señor Jesús.

Cuando llegaron los diferentes asistentes de las distintas misiones con el fin de participar del refrigerio espiritual que cada año se celebraba en dichas convenciones, nuestra condición espiritual era como un desierto árido y muy seco, porque llevábamos dentro de nuestros corazones las críticas amargas de nuestra carnalidad, gérmenes diabólicos que carcomen lentamente la comunión con Dios y con los demás miembros de la familia de Dios. El misionero Guillermo Gillam, distinguido varón de Dios de corazón sincero y carácter noble, dirigió la convención. Este fiel seguidor del Señor, que inflamaba nuestra alma tocando con su alabanza las fibras más íntimas de nuestros corazones y también el cielo, había elaborado un horario de programación, una agenda cristiana que debía desarrollarse ordenadamente durante la semana de la convención. Los dos primeros días todo se llevó a cabo de conformidad con aquella directriz. Pero el martes por la mañana, estando yo dirigiendo el tiempo de oración que se tenía antes del desayuno, sentí el deseo, de un momento a otro, de decir de memoria Juan 3:16. Sin embargo, al terminar de repetirlo, vinieron a mi boca otras frases, y las dije, y otras más y continué diciéndolas. Era como si alguien estuviera poniéndolas en mi boca, además de que notaba que había un glorioso fluir del Espíritu Santo en lo que hablaba de forma muy natural, sin ningún esfuerzo humano o emoción alguna. Al mirar al grupo me sorprendí, pues estaban llorando sin saber por qué. Era una profecía que Dios estaba dando y que yo mismo desconocía, pero con esta palabra profética el Espíritu Santo tomó el control total de la convención. Nos olvidamos de seguir el programa escrito y seguimos el nuevo del Espíritu.

La convicción del Espíritu Santo vino sobre todos y la presencia del Señor se sentía dentro de la carpa donde estábamos reunidos día tras día. El texto bíblico que continuamente se oía en los labios de los congregados y del hermano Alfredo Colom era 2 Crónicas 7:14 . Comenzarnos a pedirnos perdón los unos a los otros y las lágrimas a rodar por las mejillas de muchos de los que estuvimos dispuestos a seguir el camino de la cruz y de la humillación. ¡Qué gloriosa fue esta fiesta espiritual enviada desde el mismo trono de nuestro Dios como lluvia sobre una tierra árida y sedienta, que refrescó nuestras almas con el rocío del gozo del Espíritu y el dulce néctar del amor de Dios! Muchos rostros que revelaban la amargura infame y la dureza del corazón fueron cambiados por la dulzura y la ternura de lo que es *el amor en el espíritu*.

¡Qué hermoso cuadro de amor del cielo pude ver en el rostro del misionero Guillermo Gillam! Se encontraba parado debajo de aquella carpa, mientras tocaba con una de sus manos una de las bancas y nos exhortaba sobre el rencor, al tiempo que lágrimas cristalinas cual destellos de diamantes brotaban de sus ojos y rodaban por las blancas mejillas de un hombre tocado por lo que es *el amor en el espíritu*, algo que tanto él como yo desconocíamos en esa época. También pude ver con mis propios ojos cómo el Espíritu Santo tocó a Gilberto Vargas y a John Harbinson, quienes fueron quebrantados y derretidos por la fuerte y palpable presencia del Espíritu de Dios, corriendo abrazados hacia la tosca plataforma hecha de tablas ásperas para postrarse ante la majestad del Señor. Allí depusieron su orgullo inglés y latino, su rencor mutuo, y con un corazón quebrantado se pidieron perdón mutuamente, mientras las lágrimas fluían de sus ojos y mojaban las tablas de la burda plataforma. Pude verlos levantarse de aquel lugar y abrazarse llorando con la frescura del amor del cielo y con la ternura que *el amor en el espíritu* les impartió cuando se humillaron y se postraron ante el trono del Altísimo.

¡Cuán bella y hermosa, sublime y gloriosa, fue esta semana de julio en la década de los cincuenta durante la convención sobre «La

Vida Victoriosa» celebrada en las laderas siempre verdes del barrio Robledo de la ciudad de Medellín! Nunca en los más de cincuenta y cinco años de ministerio que tengo he visto algo semejante en cuanto a lo que es *el amor en el espíritu*. Allí cambiamos la amargura por la ternura, el odio por el amor y el resentimiento por el perdón real. En verdad fue una semana en la cual el cielo se abrió y dejó descender las corrientes de *el amor en el espíritu* sobre un pueblo que tenía el alma fría y el corazón helado por el hielo del amargo resentimiento que siempre el diablo usa para robarnos el poder de Dios, la ternura de *el amor en el espíritu*, la comunión entre los miembros del cuerpo, la unidad que debe de existir en la iglesia y el dulce fluir del Espíritu Santo.

El domingo por la noche durante la última reunión de la convención, la cual tuvo que prolongarse por una semana más, hubo una gloria celestial indescriptible bajo aquella amarilla carpa y sobre el pueblo allí reunido en aquella noche de bendición. El obrero Carlos Cubides me pidió hacer la oración de despedida y yo, sin pensarlo, pronuncié: ¡*Aleluya*! Pero al decir esta palabra, no lo hice con mi voz natural, sino con una voz muy profunda y penetrante, como envuelta en algo glorioso, que no procedía de mí. Mientras continuaba diciendo la palabra *aleluya*, me sentía como imanado y transportado por la gloria del Dios del cielo, notaba que cada vez que decía *aleluya*, la presencia de Dios se hacía más fuerte y llenaba el recinto de aquella carpa.

De un momento a otro, sin que lo estuviese pensando, algo desconocido para mí me envolvió y cubrió todo mi ser. Era como un chorro de fuego divino que me hacía sentir como transportado fuera de mi cuerpo de carne y de esta tierra. Hoy comprendo que era una visita de lo que es *el amor en el espíritu* manifestándose con un derramamiento de gracia fresca, con una unción nueva del Espíritu y con un derramamiento de las corrientes de su amor celestial.

Dicha experiencia dejó en mis cuerdas vocales una vibración semejante a la de la marimba cuando es tocada por un buen artista, experiencia que duró más de una semana. Yo notaba que cada palabra que decía cruzaba a través de una especie de cortina de poder y que las personas que me escuchaban eran tocadas por algo invisible. Algunos suspiraban profundamente, a otros se les llenaban los ojos de lágrimas. Jamás podré olvidar semejante experiencia, que Dios en su gracia me permitió tener, que fue como ríos de *el amor en el espíritu* que en mis largos años de ministerio desconocía y que en estos últimos tiempos estoy comenzado a conocer. Ríos que inundaban todo mi ser de llamas celestiales que hacían vibrar mi alma y mis cuerdas vocales.

Un poco triste por tener que abandonar el monte de la transfiguración, tomé el avión bimotor para regresar a Bogotá llevando dentro de mí la frescura, ternura y fragancia del toque divino de su gloria, así como un corazón inflamado de la compasión que *el amor en el espíritu* había puesto en mí por su gracia y por la eficacia de su sangre derramada por nosotros en el cruel madero de la cruz. Cuando ocurre la unión matrimonial del Espíritu Santo con el espíritu del hombre se puede fluir con la compasión de Dios y la ternura de su Espíritu por el ser humano.

Mientras volaba sobre las verdes cordilleras andinas que le dan belleza y hermosura a Colombia, yo miraba por las claraboyas redondas del avión los verdes campos y las casuchas campesinas de los nobles y honestos labradores que en las ciudades son vistos con desprecio y desdén, pero que proveen el alimento para quienes, a pesar de sus elegantes vestidos, los menosprecian. Yo pensaba en aquella gente de corazón sencillo y de vida humilde, de olor campesino y de mirar sereno. Sí, pensaba en esa gente que vivía bajo los burdos techos de palmas recogidas por las manos del olvidado labrador, gente que tiene el olor del viento que cruza por los rosales del jardín de su campiña. Son hombres, mujeres, niños y ancianos agrestes o rústicos, carentes de la codicia humana y de la avaricia infame de quienes los explotan y los desprecian por ser personas de azadón en la mano, fecundo conjunto humano que cultiva la tierra para producir la comida de quienes se creen mejores dentro de la inmensa masa de la sociedad humana, sociedad con corazón de piedra y carente de compasión divina.

Mientras volaba rumbo a Bogotá sentía que el corazón se me hacía pedazos y se me desgarraba el alma, mirando las casas de mi gente, tan necesitada de lo que yo tenía y quería darles, pero no podía. Así que como un frágil ser de carne y hueso, agarrado de los asientos del avión, me derretía en lágrimas que rodaban por mis mejillas en silencio, queriendo estallar en gritos de clamor al cielo, mirando y contemplando con sentir profundo las casuchas de aquella buena gente, parte integral de mi pueblo colombiano, hoy abandonado, sufrido, perseguido, robado y muchas veces explotado por los más fuertes y por una sociedad carente de Dios y de lo que es *el amor en el espíritu*.

El impacto de compasión que yo sentía por esta gente mojada con el rocío del cielo era muy fuerte, así que deseaba lanzarme del avión y colocarme al lado de aquellos sufrientes y lastimados corazones, hoy pasto de la violencia cruel, de la infamia vil, de la voracidad infame de aquellos que piensan que el dinero lo satisface todo; de aquellos que por la codicia del oro, que no salva ni llena el vacío interno del ser humano, han estado trayendo sobre los nobles labradores de los campos colombianos y de otras naciones tan horrible tragedia de dolor y angustia, de desolación y muerte, muy parecida al holocausto humano de millones de judíos en la época del gobierno de Hitler en la Alemania nazi. Tan fuerte era la presión del Espíritu de Dios sobre mi ser que tuve que agarrarme fuertemente de las sillas del avión sin poder contener mi gemir profundo, mi lamento humano y las lágrimas que brotaban de mis ojos por causa del toque de *el amor en el espíritu* haciendo eco celestial sobre un hombre de carne y hueso, con corazón de carne, pero también con un corazón abierto a la compasión divina que viene cuando ocurre el matrimonio espiritual del Espíritu de Dios con el espíritu del ser humano.

Capítulo 12

Conclusiones acerca de el amor en el espíritu

I. Resumen general de los personajes bíblicos

A. Abraham el padre de la fe.

Vemos en Abraham *el amor en el espíritu* ante al llamado que Dios le hizo, cuando obedeció saliendo de su patria natal sin saber a donde iba, frente a la contienda de sus pastores y los de Lot, en el rescate de Lot cuando fue llevado prisionero, al rehusar recibir la oferta del rey de Sodoma, al entregar los diezmos a Melquisedec, al interceder por Sodoma y Gomorra, y al ir hasta el final en su obediencia ante la orden de sacrificar a Isaac su hijo. En Abraham la fe, la obediencia y el amor fueron las bases de su relación con Dios, las cuales hicieron de él el padre de la fe y un hombre sin codicia humana, sin amor al poder, sin egoísmo infame, sin amor por el mundo y sin el deseo de buscar su propia gloria. En él vemos un testimonio real de *el amor en el espíritu*, hechos que produjeron en él un carácter santo, una vida cristalina y la fluidez de la gracia de Dios al hacer de él el padre de la fe.

B. José varón probado por trece años.

Vemos en José *el amor en el espíritu* porque fue recto y amó la justicia en el hogar de su padre; fue fiel y próspero, prosperando a su señor Potifar; tuvo dominio propio sobre el sexo; fue compasivo con los presos, preocupándose por ellos; fue fiel y sumiso al jefe de la cárcel; fue enaltecido por Dios y Faraón, porque gobernó con rectitud y sabiduría a Egipto por ochenta años; cuando perdonó a sus hermanos y los consoló con amor; y por último, cuando profetizó la visitación de Dios y la salida de su pueblo de Egipto (lea una vez más Génesis 49:22-26).

C. Orfa, Rut y Noemí.

Vemos en Orfa el amor del alma, que no es cristalino y oscurece la visión; que viene de una mente entenebrecida por el mundo, por los deseos de la carne y por el amor a los dioses muertos y a las religiones inventadas por el hombre que no dan vida. Es el amor de quien profesa la religión del alma, que no cambia y que no nos une al corazón de Dios. Es el amor que nos encierra en un laberinto sin salida; que tiene lágrimas, pero no sinceras; que tiene besos de labios impuros, sin haber sido tocados y purificados por el toque del carbón ardiente tomado del altar de Dios. Es el amor superficial que no tiene raíces para afirmarlo; es el amor que fluye del alma que está muerta; que no toca el espíritu humano y por eso no hay cambio; amor que es amor, pero no lo es, porque está contaminado con el amor al mundo y a sí mismo.

Vemos en Rut *el amor en el espíritu* cuando brilló con transparencia divina. Es el amor que le ayudó a despojarse de sí misma; que esclareció la visión de Dios; que iluminó la mente con la verdad de Dios; que cerró los ojos de esta mujer al resplandor del mundo; que crucificó los deseos de la carne; que nos une con Dios y con los demás; que derrumba las barreras denominacionales y nos *une* en un cuerpo, que es la iglesia del Señor. Es el amor nacido de un corazón quebrantado por el Espíritu de Dios, que derrama lágrimas de sinceridad y de verdad; es el amor que nunca muere porque es eterno y viene de Dios, que no se apaga, porque es fuego que arde eternamente y que es bálsamo porque cicatriza las heridas del pecado; que es perfume porque su aroma contagia el ambiente entre la gente, porque es *el amor en el espíritu* del que nos habla Colosenses 1:8.

D. Ana, la madre de Samuel.

Vemos en Ana *el amor en el espíritu* durante su oración silenciosa, sin los gritos carnales de la emoción del alma, moviendo el cielo para que le enviara la respuesta a una mujer atribulada de espíritu. Es el amor sin huellas de egoísmo, sin manchas de la carne, sin vanagloria humana, sin deseos impuros; es el amor que nace de un corazón quebrantado que intercedió por un varón para dedicarlo a Dios todos los días de su vida. Es el amor en un gemido silencioso y profundo que se conecta con el cielo, de donde vino la respuesta a su clamor. Es el amor de la intercesión silenciosa, que Dios no pudo resistir; una oración bañada por el néctar de *el amor en el espíritu*, semejante a la oración del profeta Elías cuando clamó en silencio con la cabeza entre las rodillas por lluvia para Israel (1 Reyes 18:41-46).

E. David y Jonatán.

Vemos en David y Jonatán *el amor en el espíritu* al estar unidos por el Espíritu del Señor en el sentir y en la visión de Dios; haciendo un pacto de amor filial que llegó a ser para David más fuerte y más profundo que el amor de las mujeres. *El amor en el espíritu* de Jonatán fue lo que lo motivó a despojarse de su manto, de sus ropas, de su espada, de su arco y de su talabarte, al darse cuenta de que David era el varón elegido por Dios y no por el pueblo, como lo fue Saúl su padre.

El amor de Jonatán por David fue más fuerte que el amor a su padre Saúl porque era *amor en el espíritu*, que fluyó desde su interior como fuente de aguas cristalinas que al beberlas une a los hombres y los hace de un mismo corazón, de un mismo sentir, de una misma mente y les imparte una misma visión.

El amor en el espíritu de David hizo que él endechara con tristeza profunda la muerte de Saúl y de Jonatán, diciendo: «Angustia tengo por ti, hermano mío Jonatán, que me fuiste muy dulce. Más maravilloso me fue tu *amor* que el amor de las mujeres» (2 Samuel 1:26, énfasis del autor).

Estos dos varones se eslabonaron, se fundieron el uno con el otro y se encadenaron con la cadena irrompible de *el amor en el espíritu*. Y ésta era la misma cadena que mantenía unida a la iglesia de los Colosenses. Esta es también la cadena que tú y yo debemos buscar para que el mundo pueda creer que Jesucristo es el único Dios que puede salvar al hombre del pecado y de su ruina eterna.

En Jonatán no hay prejuicios contra David, no hay rechazo, no hay celos, no hay egoísmo carnal ni mucho menos amargura o resentimiento; pero sí hay aceptación total, unida al amor en los propósitos, los planes y los programas de Dios.

Si nosotros los líderes llegásemos a ser uno en *el amor en el espíritu*, la iglesia sería *una* y la oración del Señor en Juan 17 tendría su cumplimiento. Los cielos se abrirían y descenderían sobre el mundo los torrentes del amor de Dios como fuego abrasador de fundición; los pueblos serían conmovidos, las naciones cambiadas, las familias restauradas y la iglesia inflamada con el fuego del amor divino, sanando al mundo y fluyendo con poder incontenible sobre nuestra sociedad tan necesitada.

F. Nehemías el gran restaurador y reformador.

Vemos en Nehemías *el amor en el espíritu*, el amor que ni la gran prosperidad del reino Persa ni las lindas alfombras orientales ni el lujo del famoso palacio real ni el puesto tan elevado que tenía como copero del rey pudieron apagar. Era el amor que Nehemías tenía por el Dios del cielo y por el pueblo de Israel; porque él siempre tenía puesta su mirada en el Dios de Abraham y en la tierra de la promesa y la bendición. Las riquezas materiales de Susa, la capital del reino persa, el ambiente de pompa, de lujo y de prosperidad del palacio, no pudieron robarle a Nehemías su fe en Dios y su amor por Jerusalén y por su pueblo, porque Nehemías poseía riquezas en Dios que no perecen, que no se marchitan y que no se esfuman cual el humo de una chimenea. Todo lo contrario, este fiel hombre de Dios, a pesar de servir en un trono terrenal, siempre se mantuvo mirando al trono celestial e inconmovible que permanece para siempre.

Hay famosos líderes de la iglesia y de la vida secular que han claudicado bajo la sombra de la codicia infame, de la fama que muere pronto y del éxito que no lo es, sino fracaso y ruina; líderes que han dejado en la historia nubes de tragedia y dolor. No es este el caso de Nehemías, quien nos deja un destello fiel y bien claro de lo que fue y de lo que es *el amor en el espíritu*, a fin de que siguiendo sus pisadas, lo encontremos.

G. Los reyes magos.

Vemos a los reyes magos motivados por *el amor en el espíritu;* *buscando, preguntando, anunciando, hallando, adorando* y *ofrendando* al Rey, al mismo tiempo que se *regocijaban* por estar frente a él. Sigamos el camino de los magos y encontraremos lo que ellos encontraron, recibiremos lo que ellos recibieron; y seremos inflamados por el fuego de *el amor en el espíritu*.

H. La mujer pecadora.

Vemos en la mujer pecadora *el amor en el espíritu* cuando fue en busca del Señor, no para hallar algún beneficio material, físico o personal, sino para darle una ofrenda de amor sacrificial con el perfume de alabastro, con sus lágrimas, sus besos y con todo su ser. Busquemos lo que esta mujer encontró, ofrendemos lo que ella ofrendó; y recibiremos lo que ella recibió.

I. El buen samaritano.

Vemos en la acción del buen samaritano la dulzura del Espíritu, la ternura del amor de Dios, la compasión del *amor en el espíritu*, motivándolo a descender de su cabalgadura y acercarse al moribundo con la compasión del Espíritu de Dios. Lleno de benignidad, aquel samaritano vendó sus heridas con aceite y vino, lo tomó y lo llevó al mesón para que lo cuidaran. Hay muchas ovejas que han sido heridas por nosotros los líderes, ovejas que están muriendo abandonadas a la orilla del camino, esperando la ayuda de un buen samaritano tocado por *el amor en el espíritu* que vende sus heridas con palabras de ternura y compasión divina. Seamos samaritanos de compasión y no religiosos arrogantes, sin misericordia y sin amor.

J. María, la hermana de Lázaro.

Vemos en María la hermana de Lázaro *el amor en el espíritu* fluyendo como néctar de perfume embriagador por la casa de la familia y por el cuerpo del Señor de la gloria, mientras lo preparaba para su sepultura. Este acto tan noble de María no quedó en el olvido, su eco continúa repercutiendo en nuestros corazones y en el mundo, aún después de dos mil años de historia cristiana. Practiquemos la prioridad que María tuvo y disfrutaremos el calor y el perfume de lo que es *el amor en el espíritu*.

K. El Señor Jesucristo

Vemos en el Señor el ejemplo supremo de *el amor en el espíritu* al despojarse de su divinidad tomando forma humana; al dejar el cielo y venir al mundo; al nacer en una cuna de paja en un pesebre humilde; al desarrollar un ministerio lleno de compasión por todos los hombres; al humillarse hasta la muerte y muerte de cruz; al ir a buscar a la pequeña manada de discípulos que había retornado al mar para pescar; y ahora, al estar sentado a la diestra de Dios, interceder por usted y por mi continuamente. ¡Oh que amor tan grande, tan incomprensible y tan sublime!

El amor en el espíritu no es producto del intelecto, de la sabiduría humana, o de las emociones del alma. No. Tampoco es el amor de las lindas y arrogantes ceremonias religiosas, de los ritos litúrgicos que tocan las emociones del hombre. Es producto del Dios viviente que lo derrama en nuestros corazones por medio del Espíritu Santo que nos es dado, para que llevemos fruto para Dios, para que demos testimonio en el mundo y para que con un corazón inflamado con la compasión de Cristo le sirvamos a los hombres.

El amor en el espíritu es transparente y sin egoísmo, sin mancha y sin codicia; es de Dios y es del cielo; es eterno y es sublime, porque viene de Dios y es de Dios. Este amor es como fuego divino que quema los hechos de la carne y limpia las emociones del alma; es lo que inflama el corazón del hijo de Dios llenándolo de compasión y de amor por Dios y por todos los humanos.

El amor en el espíritu destruye toda ceguera espiritual, ilumina el entendimiento para comprender lo que viene del Espíritu, lo que circuncida el corazón de toda carnalidad y lo que inflama la vida del hombre de Dios con su visión. *El amor en el espíritu* es el ingrediente divino para fluir con ternura, con compasión, con gracia y con la frescura transformadora del Espíritu Santo. Es lo que abre lo infinito, lo que penetra lo insondable, lo que atrae lo sublime, lo que mueve al espíritu del hombre hacia las alturas celestiales, donde puede ser tocado por el fluir de *el amor en el espíritu* que desciende del trono del Altísimo como torrentes de gracia y de amor sacrificial.

El amor en el espíritu es aquel amor que cambia la contienda en paz, la dureza en ternura, el odio en amor, la venganza en perdón y la envidia en dulce comunión. Es lo que une a la iglesia como una familia y como un cuerpo, lo que imparte la visión de Dios y lo que le agrada al Señor. Es lo que no se esfuma, todo lo contrario, permanece para siempre. Este divino amor es lo que brilla con el resplandor del cielo e inflama con la compasión de Dios. El es la unión matrimonial del Espíritu Santo con el espíritu humano, fluyendo con compasión por el hombre.

El amor en el espíritu es el amor perfecto y santo. No es egoísta, no tiene intereses personales y no busca la alabanza de los hombres ni la gloria humana. Es la unión de lo divino con lo humano, de lo celestial con lo terrenal, de Dios con el hombre, del Espíritu Santo con el espíritu humano.

Miremos a José desfilando en el segundo carro de Faraón, un carruaje tirado por corceles de Arabia, vestido de lino finísimo, llevando collar de oro y en su mano el anillo de Faraón con el sello de autoridad y dominio sobre todo el pueblo de Egipto. José sigue siendo de hermoso semblante y de bella presencia en el trono como lo fue en la casa de Potifar. Pero más que todo esto José lleva dentro de sí mismo el sello de Dios y de *el amor en el espíritu*.

II ¿Cómo perdió el amor la iglesia de Laodicea?

¿Qué es lo que nos roba *el amor en el espíritu*? *El amor en el espíritu* es sustraído sutilmente de nuestra vida por la tibieza espiritual cuando nos creemos ricos en Dios y no nos damos cuenta de nuestra pobre condición espiritual; cuando perdemos la visión por la falta del colirio del Espíritu; cuando cerramos la Biblia; cuando dejamos de humillarnos; cuando guardamos un muy amargo rencor; cuando apagamos la oración con el pecado, contristando consiguientemente al Espíritu Santo; cuando con nuestro legalismo queremos cambiar a la gente y le quitamos al Espíritu del Señor la función que le es propia. Tal fue el caso de la iglesia griega de Laodicea.

¿Cómo perdió el amor la iglesia Laodicea? (Apocalipsis 3:16-19)

- Por causa de su tibieza espiritual (Apocalipsis 3:16).
- Porque no vio su necesidad (Apocalipsis 3:17).
- Porque perdió la unción (Apocalipsis 3:18).
- Porque Cristo estaba fuera (Apocalipsis 3:20).
- Porque no se arrepintió (Apocalipsis 3:19).

III ¿Cómo perdió el amor el rey Salomón?

Salomón comenzó amando a Dios y recibiendo de él sabiduría, pues Dios se le reveló en sueños. Pero estas cosas fueron mermando en su vida al casarse con la hija de un rey pagano; al dedicarse a los caballos y a amontonar riquezas; al amar a muchas mujeres extranjeras, las cuales desviaron su corazón hacia la idolatría. Aunque llegó a ser el hombre más sabio de su época, terminó siendo un insensato en su forma de vivir en dos aspectos: en lo sexual y en lo económico. Salomón, que comenzó amando a Dios, terminó amando a los caballos, a las mujeres y a las riquezas.

Mas Salomón amó a Jehová, andando en los estatutos de su padre David; solamente sacrificaba y quemaba incienso en los lugares altos (1 Reyes 3:3, énfasis del autor).

Pero el rey Salomón amó, además de la hija de Faraón, a muchas mujeres extranjeras; a las de Moab, a las de Amón, a las de Edom, a las de Sidón, y a las eteas; gentes de las cuales Jehová había dicho a los hijos de Israel: No os llegaréis a ellas, ni ellas se llegarán a vosotros; porque ciertamente harán inclinar vuestros corazones tras sus dioses. A éstas, pues, se juntó Salomón con amor. *Y tuvo setecientas mujeres reinas y trescientas concubinas y sus mujeres desviaron su corazón. Y cuando Salomón era ya viejo, sus mujeres inclinaron su corazón tras dioses ajenos, y su corazón no era perfecto con Jehová su Dios, como el corazón de su padre David* (1 Reyes 11:1-4, énfasis del autor).

Y juntó Salomón carros y gente de a caballo; y tuvo mil cuatrocientos carros y doce mil jinetes, los cuales puso en las ciudades de los carros y con el rey en Jerusalén. Y acumuló el rey plata y oro en Jerusalén como piedras, y cedro como cabrahigos de la Sefela en abundancia. Y los mercaderes del rey compraban por contrato caballos y lienzos finos de Egipto para Salomón. Y subían y compraban en Egipto un carro por seiscientas piezas de plata, y un caballo por ciento cincuenta; y así compraban por medio de ellos para todos los reyes de los heteos, y para los reyes de Siria (2 Crónicas 1:14-17).

Salomón hizo parentesco con Faraón rey de Egipto, pues tomó la hija de Faraón, y la trajo a la ciudad de David, entre tanto que acababa de edificar su casa, y la casa de Jehová, y los muros de Jerusalén alrededor (1 Reyes 3:1).

IV. ¿Cómo se halla el amor en el espíritu?

¿Cómo encontramos *el amor en el espíritu?* Viene cuando nos sentamos a los pies del Señor para oír su Palabra como lo hizo María; cuando pasamos tiempo en oración como lo hicieron los ciento veinte seguidores del Señor Jesús el día de Pentecostés; cuando renunciamos y nos negamos a nosotros mismo como lo hizo Rut la moabita; cuando con corazón quebrantado consumimos tiempo delante de la presencia del Señor como lo hizo Ana la madre de Samuel; cuando nos despojamos de nuestros derechos y tenemos un espíritu perdonador como aconteció con Jonatán y David; cuando no permitimos que la opulencia y el lujo tiendan su manto de engaño sobre nosotros como sucedió con Nehemías; cuando buscamos al Rey como lo hicieron los magos de Belén; cuando en silencio nos acercamos al Señor para ungirle sus pies como lo hizo la mujer pecadora y cuando retornamos a buscarlo, como Dios se lo pidió a la iglesia de Laodicea. Viene cuando nos humillamos delante del Señor con oración sincera y ayuno honesto.

Yo dije: Atenderé a mis caminos, para no pecar con mi lengua; guardaré mi boca con freno, en tanto que el impío esté delante de mí. Enmudecí con silencio, me callé aun respecto de lo bueno; y se agravó mi dolor. Se enardeció *mi corazón dentro de mí; en mi meditación se* encendió fuego, *y así proferí con mi lengua* (Salmos 39:1-3, énfasis del autor).

Y se decían el uno al otro: ¿No ardía *nuestro corazón en nosotros, mientras nos* hablaba *en el camino, y cuando nos abría las Escrituras?* (Lucas 24:32, énfasis del autor).

BIBLIA DE ESTUDIO NVI

primera Biblia de estudio creada por un grupo de
listas y traductores latinoamericanos. Con el uso del texto
la Nueva Versión Internacional, esta Biblia será fácil de
r además de ser una tremenda herramienta para el
udio personal o en grupo. Compre esta Biblia y reciba
atis una copia de *¡Fidelidad! ¡Integridad!*, una guía que le
udará a aprovechar mejor su tiempo de estudio.

ISBN: 0-8297-2401-X

UNA IGLESIA CON PROPÓSITO

n este libro usted conocerá el secreto que impulsa a la
esia bautista de más rápido crecimiento en la historia de
Estados Unidos. La iglesia Saddleback comenzó con una
nilia y ha llegado a tener una asistencia de más de diez
l personas cada domingo en apenas quince años. Al
smo tiempo, plantó veintiséis iglesias adicionales, todo
to sin llegar a poseer un edificio.

Un libro que todo creyente debe leer.

EL CASO DE LA FE

Escrito por el autor del éxito de librería *El Caso de Cristo*. La investigación de un periodista acerca de las objeciones más difíciles contra el cristianismo.

El Caso de la Fe es para quienes se sienten atraídos a Jesús, pero que se enfrentan a enormes barreras intelectuales que les impiden el paso a la fe. A los cristianos, este libro les permitirá profundizar sus convicciones y les renovará la seguridad al discutir el cristianismo aun con sus amigos más escépticos.

Nos agradaría recibir noticias suyas.
Por favor, envíe sus comentarios sobre este libro
a la dirección que aparece a continuación.
Muchas gracias.

Editorial Vida
8325 NW. 53rd St., Suite #100
Miami, Florida 33166-4665

Vidapub.sales@zondervan.com
http://www.editorialvida.com